そうだったのか!

知れば楽しくなる

法令の雑学

法令読解研究会 編著

ぎょうせい

はじめに

法令に関する理解は、公務員、法曹、研究者その他多くの人にとって必要です。しかし、法令が難しくとっつきにくいというイメージがあり、なかなか理解が進まない人も多く見かけます。法令に関する書物も、扱う内容が内容だけに、難しくとっつきにくくなり、入門者が法令に関する興味を失ってしまうことにもなっています。

本書は、いままでの法令に関する書物と異なり、エピソードを多く取り入れ、楽しく法令に関する理解を深めてもらおうと思って執筆したものです。

本書により楽しく法令の入門を果たしていただければ幸いです。

平成二十一年十月一日

著者

目次

目　次

第4章　条文の成り立ちと中身

目次

第6章　法令の効力

第7章　法令の解釈

目次

第1章 法令をもっと易しく

自治体職員になり、これから法律や条例に接する機会が増えるので法令の基礎から学びたいと思います。でも、法令に関する書物は一様に難しくとっつきにくいです。どうか博士、法令についてやさしく教えてください！

たしかに、法令自体が難しくとっつきにくいものだから、その解説書が難しくなるのはやむを得ないのう。
ご希望に添って遊び心を持ちつつ、お話を進めていこうかのう。

ありがとうございます。
まず、法令の中には、カタカナで書かれたもの、古い文語調で書かれたものもありますよね。読む立場の人への配慮がないように感じてしまいます。

そうじゃな、私が学生のとき、大学で学ぶ民法や刑法もカタカナで書かれており、読むのに苦労したものよ。
今ではひらがなで書かれており、大分読みやすくなったのではないかのう。難しい難しいといわれがちな法令じゃが、やさしく平易にしようという試みがなかったわけではないのじゃ。

Study Corner

難読・難解！　改正前の民法・刑法

民法や刑法は、現在ではひらがなで書かれていますが、少し前まではカタカナで書かれていました。また、使われている漢字も難読・難解なものが多く、条文を読むのも内容を理解するのも大変でした。少し例を挙げます。読めるでしょうか。

○平成16年の改正前の民法

第二百十条　或土地カ他ノ土地ニ囲繞セラレテ公路ニ通セサルトキハ其土地ノ所有者ハ公

路ニ至ル為メ囲繞地ヲ通行スルコトヲ得
② 池沼、河渠若クハ海洋ニ由ルニ非サレハ他ニ通スルコト能ハス又ハ崖岸アリテ土地ト公路ト著シキ高低ヲ為ストキ亦同シ
第二百二十九条　疆界線上ニ設ケタル界標、囲障、牆壁及ヒ溝渠ハ相隣者ノ共有ニ属スルモノト推定ス

○平成7年の改正前の刑法

第七十七条　政府ヲ顛覆シ又ハ邦土ヲ僭窃シ其他朝憲ヲ紊乱スルコトヲ目的トシテ暴動ヲ為シタル者ハ内乱ノ罪ト為シ左ノ区別ニ従テ処断ス　（略）
第二百五十六条　贓物ヲ収受シタル者ハ三年以下ノ懲役ニ処ス
② 贓物ノ運搬、寄蔵、故買又ハ牙保ヲ為シタル者ハ十年以下ノ懲役及ヒ千円以下ノ罰金ニ処ス

これらの条文の中、難読の漢字の読み方と意味は、次のとおりです。

囲繞（いにょう・いじょう）……かこまれること
池沼（ちしょう）……池と沼

河渠（かきょ）……川、水路
崖岸（がいがん）……がけ
疆界線（きょうかいせん）……境界線
界標（かいひょう）……境界線を示す標識
囲障（いしょう）……囲い（かこい）
牆壁（しょうへき）……壁
溝渠（こうきょ）……溝（みぞ）
相隣者（そうりんしゃ）……隣接する土地の所有者
顚覆（てんぷく）……倒すこと
邦土ヲ僭窃（ほうどをせんせつ）……領土を盗むこと
朝憲ヲ紊乱（ちょうけんをびんらん）……統治の基本秩序をみだすこと
贓物（ぞうぶつ）……財産罪で得た財物
寄藏（きぞう）……事情を知りながら保管すること
故買（こばい）……事情を知りながら買うこと
牙保（がほ）……事情を知りながら売却などのあっせん・仲介をすること

これでは、条文を読むためには、法律辞典だけでなく漢和辞典が必要になりますね。次に、現在の該当する条文を掲げます。随分読みやすく理解しやすいものになったと思います。

○民法

（公道に至るための他の土地の通行権）

第二百十条　他の土地に囲まれて公道に通じない土地の所有者は、公道に至るため、その土地を囲んでいる他の土地を通行することができる。

2　池沼、河川、水路若しくは海を通らなければ公道に至ることができないとき、又は崖《がけ》があって土地と公道とに著しい高低差があるときも、前項と同様とする。

（境界標等の共有の推定）

第二百二十九条　境界線上に設けた境界標、囲障、障壁、溝及び堀は、相隣者の共有に属するものと推定する。

○刑法

（内乱）

第七十七条　国の統治機構を破壊し、又はその領土において国権を排除して権力を行使し、その他憲法の定める統治の基本秩序を壊乱することを目的として暴動をした者は、内乱の罪とし、次の区別に従って処断する。　（略）

（盗品譲受け等）

第二百五十六条　盗品その他財産に対する罪に当たる行為によって領得された物を無償で譲り受けた者は、三年以下の懲役に処する。

2　前項に規定する物を運搬し、保管し、若しくは有償で譲り受け、又はその有償の処分のあっせんをした者は、十年以下の懲役及び五十万円以下の罰金に処する。

Study Corner

法令の平易化の歴史

現在新たに制定される法令は、平仮名漢字混じりの口語体です。しかし、明治以来、戦前の法令は片仮名漢字混じりの文語体で書かれています。現在の口語体の法令にしてもあまり読みやすいわけではありませんが、戦前の文語体の法令となると、更に難解な印象が強まります。

しかし、明治の時代でも、法令は難解でよいと考えられていたわけではなくて、例えば、廃止された法令ですが、明治7年の「海上衝突予防規則」のように、漢字の右側に読み仮名を付けた上、左側には意味を示す振り仮名まで付けるという配慮をした法令もあります。民法典の起草者の一人である穂積陳重博士も、「難解の法文は専制の表徴である。平易なる法文は民権の保障である。」と述べています。法令の平易化は昔から課題になっていたということでしょう。

大正15年の「法令形式ノ改善ニ関スル件」という内閣訓令では、「現今ノ諸法令ハ往々ニシテ難解ノ嫌アリ。其ノ原因ガ内容ノ複雑ナルニ存スル場合ナキニアラザレドモ、記述ノ方法ヨリ来レルモノ亦少カラズ。」と述べて、法令の用字・用語・文体をなるべく平易にすること、濁点や句読点、括弧等を使用することなどを留意事項として挙げています。ただし、その後の戦前の法令をみると、あまりそのとおりにはされていないように思えます。

戦後、昭和21年4月に憲法改正草案が公表されます。ここで初めて、平仮名漢字混じりの口語体が法令に用いられました。項の最初を1字下げて見やすくする工夫も、このときに取り入れられています。この草案が公表された翌日には、「各官庁における文書の文体等に関する件」という通牒が出されて、以後の法令では平仮名・口語体が定着します。

憲法改正草案の仮名遣いはまだ旧仮名遣いでしたが、同じ昭和21年に「現代かなづかい」が定められ、翌22年以降の法令は新仮名遣いになります。また、そのころから、条の右肩に括弧書きで見出しが付けられるようになったほか、昭和23年ごろからは、各々の項に番号が付けられるようになりました。その後も法令の平易化の努力は続けられ、例えば、昭和60年には、内閣法制局が「法令文の平易化方策」をまとめています。なお、現在では、昭和21年の「現代かなづかい」は廃止され、昭和61年に定められた「現代仮名遣い」によっています。

平成に入ってからは、片仮名・文語体の法令の平仮名・口語体化が進んでいます。まず、平成7年に刑法が平仮名・口語体に改正され、翌8年には平仮名・口語体の民事訴訟法が新たに制定されました。その後、平成16年に制定された改正法で民法が平仮名・口語体化されたほか、商法も、平成17年の会社法、平成20年の保険法の制定により、平仮名・口語体に姿を変えつつあります。このほか、人事訴訟手続法（現行では人事訴訟法）、破産法、法例（現行では「法の適用に関する通則法」）なども、平仮名・口語体になっています。

Study Corner

法令の平易化の歴史は分かりました。
それにしても、法令の構成が複雑なこと、条文が長いこと、独特な法令用語があることなど、法令を難しくしている原因がいろいろあるように思えるのですが……。

うむ。次の章からは、そのあたりのことを踏まえて、法令を読み解くコツを分かりやすくお話しようかのう。

第2章 いろいろな法令

法令の種類

法令と一口で言っても、いろいろ種類があるようですが……。

法令には、大きく分けて一定の手続で制定され文書に表された「成文法」とそうでない「不文法」の区別があるのじゃ。

「成文法」にはどのようなものがあるのですか？

「成文法」としては、憲法、法律、議院規則、最高裁判所規則、政令・省令、条例・規則、条約などがあるのう。

では、「不文法」は？

「不文法」としては、慣習法、判例法、条理法などがあるのじゃ。

あ、それは、大学でも習ったような気がします。

じゃあ、これは知っているかのう。

Study Corner

勲章を定めた法令

11月3日の文化の日に、文化の発展に寄与した人に文化勲章が授与されます。この文化勲章の根拠となるのは、文化勲章令といって、昭和12年に制定された勅令です。勅令とは、戦前、天皇が法律を執行するためなどに発する法令の形式です。現行憲法が施行された後、勅令という法令の形式は認められなくなりましたので、その当時効力を有していた勅令は、法律の形式に改められたものを除き、政令としての効力をもつことにされました。そして、文化勲章令も、現在では政令として扱われており、もし改正するなら政令で改正することになります。

ところで、文化勲章に似たものとして紫綬褒章《しじゅほうしょう》があります。褒章《ほうしょう》には他に、紅綬褒章《こうじゅほうしょう》・緑綬褒章《りょくじゅほうしょう》・黄綬褒章《おうじゅほうしょう》・藍綬褒章《らんじゅほうしょう》・紺綬褒章《こんじゅほうしょう》があり、社会や文化に貢献した人を表彰するための記章です。この褒章の根拠となるのは、褒章条例といって、明治憲法もまだ出来ていない明治14年に制定された太政官布告という形式の法令です。褒章条例は明治憲法下では勅令として扱われ、現在では政令として扱われています。

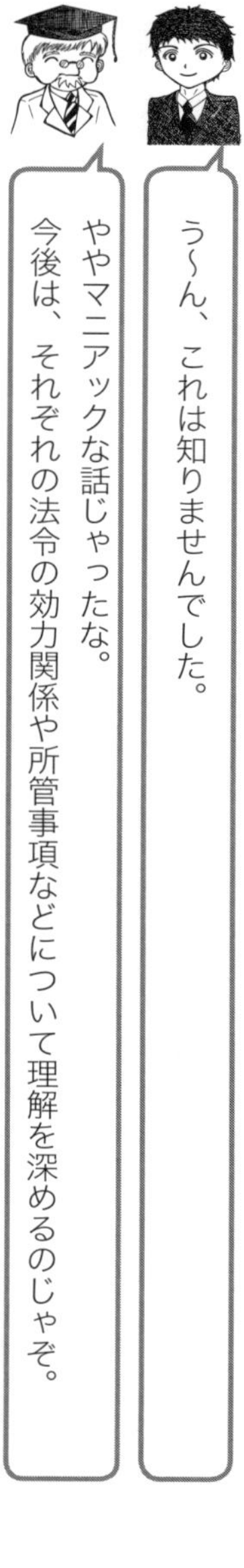
う～ん、これは知りませんでした。
ややマニアックな話じゃったな。今後は、それぞれの法令の効力関係や所管事項などについて理解を深めるのじゃぞ。

法令の効力関係――どちらの法令が強い

法令の効力関係というのは、憲法に反する法令は制定できないといったことですね。

そのとおり。憲法に反する法令が制定できないということは、御存じじゃろう。ところで、地方公共団体の法令である条例は、国の法令に反しない限りで制定できるとされているから、法律に反する条例は制定できないのじゃよ。

それでは、政令や省令と条例の効力関係は？

条例は、国の法令に反しない限り制定できるとされていて、国の法令には政令や省令も含まれると解されているから、政令や省令に反する条例は制定できないのじゃ。

なるほど。
次に、条例と長の制定する規則の効力関係の場合はどうなりますか？

この両者については、どちらも自治立法だから、効力に優劣はないとする説もあるが、条例の方が優越するという説が有力じゃ。

Study Corner

上乗せ条例・横出し条例

地方自治法では、条例は国の法令に違反しない限りにおいて制定できることになっています。かつて、都道府県の公害防止条例で、国の法令による規制を上回る「上乗せ条例」や、国の法令の対象外の事柄を規制する「横出し条例」を定めたことがあり、これが国の法令に違反しないか問題となったことがありました。

多くの学説は、公害規制については、国の法令が全国的な最小限度の規制基準を定めているものであり、「上乗せ条例」「横出し条例」は、地方の実情に応じたもので、国の法令に違反しないものだと考えています。

現在では、国の公害規制の法令の中に条例との関係が定められています。例えば、騒音規制法は、「この法律の規定は、地方公共団体が、指定地域内に設置される特定工場等において発生する騒音に関し、当該地域の自然的、社会的条件に応じて、この法律とは別の見地から、条例で必要な規制を定めることを妨げるものではない」とか「この法律の規定は、地方公共団体が、指定地域内に設置される工場若しくは事業場であって特定工場等以外のもの又は指定地域内において建設工事として行われる作業であって特定建設作業以外のものについて、その工場若しくは事業場において発生する騒音又はその作業に伴って発生する騒音に関し、条例で必要な規制を定めることを妨げるものではない」と定めています。

法令の所管事項――法令が定めるべき事項

ところで、法令の所管事項とは何ですか？

その法令が定めるべき事項のことじゃよ。

まず、法律の所管事項とは何ですか？

法律の所管事項は、広範囲に及ぶのじゃ。まず、憲法上、法律で定めると規定されているものがあるのじゃよ。例えば、憲法第九十二条は、「地方公共団体の組織及び運営に関する事項は、地方自治の本旨に基いて、法律でこれを定める」と規定しておる。これに基づいて、地方自治法などの法律が地方公共団体の組織及び運営に関する事項について定めているのじゃ。さらに、国民の権利義務に関する事項については、原則として、法律で定めることがふさわしい事項だとされているのじゃよ。

では、条例や規則の所管事項は？

条例の所管事項は、地域の事務と国の法令により自治体が処理することとされた事務に関する事項じゃ。規則の所管事項は、長の権限に属する事務に関する事項のことを指すのじゃよ。

条例や規則の所管事項も、相当広範囲ですね。

それゆえ、法律の所管事項と競合することもあるからのう。その際、さきほどお話した効力関係が問題となるのじゃ。

法律で定めるべき事項を条例で定めることができるか

憲法では、財産権の内容は法律で定める（第二十九条第二項）、法律の定める手続によらなければ刑罰を科すことができない（第三十一条）、租税を課すには法律によることを必要とする（第八十四条）と定められています。

条例は、本来、地方公共団体の事務に関してのみ制定するものですから、憲法が法律で定めるべき事項としているものは条例で定めることができないのではないかという疑問が生じます。

この問題については、判例や学説は、条例が、住民の代表機関である議会が制定するものであることなどを理由として、条例でも定めることができると解しています。

Study Corner

「法律」以前の法令の効力

現行憲法はおろか、明治憲法もまだ制定されていなかった時代に、「法律」はあったのでしょうか。実は、「法律」という法形式の法令が登場するのは、明治19年2月に「公文式」（「こうぶんしき」と読みます。学習教材とは関係ありません。）という勅令が制定されて、「法律」、「勅令」、「閣令」、「省令」という法令の名称とその制定手続が定められてからです。

その前年の明治18年12月に内閣制度が創設されているのですが、それより前の我が国の統治機構は太政官制度と言われるもので、太政官という官庁が国政全般を総理し、太政官の下に各省が置かれていました。太政官や各省の定める法令には、「布告」、「布達」、「達」などの形式があり、太政官の定める布告であれば「太政官布告」、省が定める「達」であれば「○○省達」というように呼ばれていました。なお、個々の法令の題名は、例えば同じ太政官布告でも、「○○法」、「○○令」、「○○条例」、「○○規則」など様々でした。

そして、明治23年11月に明治憲法が施行されると、その第七十六条第一項で、「法律規則命令又ハ何等ノ名称ヲ用ヰタルニ拘ラス此ノ憲法ニ矛盾セサル現行ノ法令ハ総テ遵由ノ効力ヲ有ス」と規定され、「憲法ニ矛盾セサル」太政官布告等は、明治憲法下でそのまま効力を持つことになりました。

さらに時は流れて戦後、現行憲法が施行されますが、現行憲法第九十八条第一項は、「この憲法は、国の最高法規であつて、その条規に反する法律、命令、詔勅及び国務に関するその他の行為の全部又は一部は、その効力を有しない。」と規定しており、この「条規に反する」ものでなければ、明治憲法下の法令も現行憲法下で引き続き効力を有することになります。

こうした歴史を経て、「法律」という法形式ができる前に定められた太政官布告や太政官達の中に、現在でも効力を有し続けているものがあり、その内容が現在の法律に相当するものは法律として、政令に相当するものは政令として扱われています。

現在、法律としての効力を有するものとされている太政官布告の例として、「爆発物取締罰則」があります。「爆発物取締罰則」は、平成13年に「テロリストによる爆弾使用の防止に関する国際条約の締結に伴う関係法律の整備に関する法律」によって改正され、日本国外のテロリストにも適用されることになりました。明治17年の太政官布告が平成の世になって国際テロ対策に活用されることになるとは、立法者も考えていなかったのではないでしょうか。

Study Corner

法令の委任──細かい内容は下位の法令で

法令の種類を理解することは、法令の読解にどのように役立つのですか？

法令では、その法令で内容を書ききらず下位の法令に内容の細目を委任することが多くあるのじゃ。例えば、法律で政令や省令に内容の細目を委任するようなことじゃな。法令の読解には、その法令だけでなくその法令により委任を受けた法令の内容を理解する必要があり、そのために法令の種類やそれぞれの法令の効力関係や所管事項を理解する必要があるのじゃよ。

Study Corner

委任の委任

委任を受けた法令が更に下位の法令に内容の細目を委任することもあります。次に掲げる地方自治法第二百十一条第二項では、予算に関する説明書の中身を政令に委任しています。その政令が地方自治法施行令第百四十四条で、その第一項で予算に関する説明書の中身を規定しています。さらに、同条の第二項でそれぞれの書類の様式を総務省令に委任しています。その総務省令が地方自治法施行規則第十五条の二で、予算に関する説明書の様式は別記で定めるとしています。

○地方自治法

（予算の調製及び議決）

第二百十一条　（略）

2　普通地方公共団体の長は、予算を議会に提出するときは、政令で定める予算に関する説明書をあわせて提出しなければならない。

○地方自治法施行令

（予算に関する説明書）

第百四十四条　地方自治法第二百十一条第二項に規定する政令で定める予算に関する説明書は、次のとおりとする。

一　歳入歳出予算の各項の内容を明らかにした歳入歳出予算事項別明細書及び給与費の内訳を明らかにした給与費明細書

二～五　（略）

２　前項第一号から第四号までに規定する書類の様式は、総務省令で定める様式を基準としなければならない

○地方自治法施行規則

〔予算に関する説明書の様式〕

第十五条の二　予算に関する説明書の様式は、別記のとおりとする。

（別記　略）

法令の数

ところで、現在、法令の数はどのくらいあるのですか？

政府の法令データ提供システムによれば、平成20年8月1日現在、総務省行政管理局で整備している法令の数は、憲法・法律が１７８７本、政令・勅令が１９２５本、府令・省令が

3589本とされておる。

これですべての法令が網羅されているのですか？

大体この程度じゃろうな。

「大体」というのはあいまいなような気がしますが……。

法令が生きているか死んでいるか分からない場合があるので、「大体」としか言えないのじゃよ。

Study Corner

法令の生き死に

法令集の中には、「即位礼正殿の儀の行われる日を休日とする法律」や「皇太子徳仁親王の結婚の儀の行われる日を休日とする法律」を現行法令として登載しているものがあります。即位礼正殿の儀が行われたのは平成2年11月12日、皇太子徳仁親王の結婚の儀が行われたのは平成5年6月9日で、いずれも過去の日で、これを休日とするという法律を現行法令と扱うのはおかしいと思うのですが、問題はそう簡単ではないようです。

法令は、その法令を廃止する法令が制定されれば当然廃止されます。しかし、このような廃止法令がなくても、法令の目的が達成されたり、あるいは、内容の矛盾する法令が制定されたりして、自然消滅することがあります。

先ほどの法律もその日を過ぎれば、目的を達成し消滅するとも考えられます。しかし、法令の中には、「国税に関する法律に定める申告、申請、請求、届出その他書類の提出、通知、納付又は徴収に関する期限……が……一般の休日又は政令で定める日に当たるときは、これらの日の翌日をもつてその期限とみなす」（国税通則法第十条第二項）のように、期限が休日の場合は、その翌日を期限とするという規定があります。税金を期限内に納付したかどうかは重要なことですが、その際、平成2年11月12日や平成5年6月9日が休日であったということは後々にも意味を持つと言えます。こう考えると、この法律は、消滅していないとも考えられます。

このように、法令が消滅したかどうかの判断は、そう簡単なものではないのです。したがって、法令の数は「大体この程度」としか言えないのです。

なるほど。
しかし、聞くところでは、年間に１００本前後の法律が制定されているようですが、法律の数が１７００本台というのは少ないように感じますがどうなのですか？

もっともな疑問じゃな。ただ、年間に１００本前後制定されると言っても、既存の法律を改正する「○○法の一部を改正する法律」という一部改正法が３分の２くらいで、新規に制定する法律は全体の３分の１くらいなのじゃよ。したがって、現行の法律は１７００本台くらいとなるわけじゃ。

法律には、新規の制定法と一部改正法という区別もできるということですね。

そういう区別もできるのう。
一部改正法の場合は、改正の仕方について非常に専門技術的なやり方があるのが、とっつきにくい原因でもあるがのう。

法令の改正方式

法令の改正方式としては、大きく分けて、元の法令には変更を加えず、別に新たな法令を付け加える追加方式と、元の法令そのものに変更を加える溶け込み方式があります。我が国では、溶け込み方式が採られています。

国の法令では、溶け込み方式を採り、一部改正や全部改正の形で法令の改正を行うことになっています。国の法令で数が多い一部改正法令は、次のようなものです。

特定電子メールの送信の適正化等に関する法律の一部を改正する法律

（平成二十年法律第五十四号）

特定電子メールの送信の適正化等に関する法律（平成十四年法律第二十六号）の一部を次のように改正する。

目次中「第三十条」を「第三十二条」に、「第三十一条－第三十五条」を「第三十三条―第三十八条」に改める。

第二条第一号中「次条において」を「以下」に改め、同条第二号中「次に掲げる者以外の者に対し、」を削り、「電子メールの送信」の下に「(国内にある電気通信設備(電気通信事業法第二条第二号に規定する電気通信設備をいう。以下同じ。)からの送信又は国内にある電気通信設備への送信に限る。以下同じ。)」を加え、同号イからハまでを削る。

第四条を削る。

(以下略)

このような方式ですと、改正法令を見ただけではどのように元の法令が変更になるか理解しにくいことがあります。そこで、従来、法令の改正の参考資料として作成されていた改正前と改正後の条文を並べた新旧対照表の形式で法令を改正するやり方を採る動きも自治体で出てきました。

Study Corner

脱線話——法令における歴史

法令では改正の経過なども重要なことなのですね。

そのとおり。脱線するが、法令における歴史にまつわるお話をしようかのう。

Study Corner

十七条憲法

憲法とは、国の組織や政治権力の在り方に関する基本法といわれています。特に、近代以降、権力を制限することによって国民の自由を保障しようとする目的で制定されたものが近代憲法といわれています。１７７６年のアメリカのバージニア憲法や１７８９年のフランス人権宣言などが、その先駆的なものです。我が国でこのような近代憲法が制定されたのは、明治22年（１８８９年）の「大日本帝国憲法」（明治憲法）が最初です。明治維新以来近代化を進め、欧米先進国の仲間入りを果たそうとしたことや、国内での民主化の要求の高まりが、制定の背景にあったそうです。

ところで、聖徳太子が６０４年に制定したと伝えられる「十七条憲法」は、上記の憲法ではなく、「おきて」程度の意味だとされています。「十七条憲法」のうち有名な「和をもって貴しとする」「篤く三宝（仏法僧）を敬え」というのは、精神的な規定だと言えるでしょう。ただ、「十七条憲法」には、役人に対する規定も多くあります。その中の「役人は礼の精神を持つべきである」「朝早く出仕し、夜遅く帰りなさい」「嫉妬の気持ちをもってはならない」などは、役人の心構えを説く精神的な規定ですが、「財物への欲望をすて、訴訟を厳正に審査しなさい」「職務内容を忠実に履行し、権限を乱用してはならない」「国司・国造は勝手に人民から税をとってはならない」「人民を使役するにはその時期をよく考えなさい」などは、精神的な規定であるだけでなく、権力の行使を適正に行うための規定とも言えるでしょう。

この「十七条憲法」は、当時の中国などとの関係で日本の国際的地位を高めるために制定されたという説もあり、その意味では、明治憲法の制定の背景と似たところもあるようです。つまり、外国から認められるためには、しっかりした「憲法」を持つことが必要なのかもしれません。

Study Corner

自治体の歴史──廃藩置県から廃県置藩へ

現在、地方分権や道州制の議論も盛んですが、ひるがえって明治からの自治体の歴史を概観したいと思います。

まず、明治4年（1871年）に歴史的に有名な廃藩置県が行われ、江戸時代から続いた藩を廃止し全国に3府302県が置かれました。

明治19年（1886年）には、北海道3県を廃止し、国の機関である北海道庁が置かれました。

明治21年（1888年）には、市制・町村制が制定され、市町村に独立の法人格が与えられ、市会や町村会も置かれました。これにより、我が国の近代的な地方制度が始まったとされています。同時に、町村の合併を推進し、それまで7万以上あった町村が、翌年の明治22年（1889年）には5分の1の約1万6000になりました（明治の大合併）。

明治23年（1890年）には、府県制・郡制が制定され、府県・郡も自治体として認められ、府県・郡・市町村の3段階の自治体ができました。ただ、府県知事は国が任命する国の機関であり、府県は、自治体といっても、不完全なものでした。なお、府県の数は、当時、3府43県になっていました。

大正10年（１９２１年）には、自治体としての郡を廃止し、郡は国の行政区画となり、道府県と市町村の2段階の自治体となりました。

大正15年（１９２６年）には、市町村会や道府県会に普通選挙が導入されました。

昭和18年（１９４３年）には、東京府・東京市などを廃し、東京都が置かれました。同年、戦時下のため、市長は市会の推薦を受けて国が選任し、町村長は町村会で選挙し府県知事が認可するとするなど、市町村も国の管轄下に置かれるようになりました。

昭和22年（１９４７年）には、地方自治法の施行とともに、従来不完全な自治体であった都府県は現在のような自治体となり、北海道も自治体となりました。

昭和28年（１９５３年）の町村合併促進法と昭和31年（１９５６年）の新市町村建設促進法により、昭和28年には1万近くあった市町村が、昭和36年（１９６１年）には、ほぼ3分の1の３５００程度になりました（昭和の大合併）。

平成11年（１９９９年）から平成18年（２００６年）にかけて、合併特例法や合併特例債の効果により、３２３２あった市町村の数が１８２０になりました（平成の大合併）。

以上が、現代までの自治体の歴史の概観ですが、地方分権推進の立場から、昔の藩のような独立性を持った自治体を置くべきとする「廃県置藩」といった主張が行われることがあります。政権を取った民主党も、従来から、住民に身近な基礎的自治体を中心とした地域主権国家を樹立するとしていますので、「廃県置藩」という主張もその趣旨が達成される可能性も出てきたと言えるでしょう。

Study Corner

男女共同参画の歩み

最近では、お父さんがお子さんを保育園に送っていく姿をよく見かけますし、何の違和感もありませんが、かつてはあまり見かけない光景でした。男女共同参画が進んだと実感するのですが、ここに至るまでには長い歴史がありました。

戦前は、社会的にだけでなく法的にも、男女平等になっていませんでした。例えば、家制度があり女性は原則として戸主になれなかったこと、女性には参政権がなかったことなどが代表的な例です。戸主とは、家族の統率者で、家族の婚姻の同意権や住むところの指定権などの権限を持っていました。戸主は、原則として、男性なので、妻の法的な地位は低かったのです。また、大正14年（1925年）に、それまで一定額以上の納税者だけに認められていた選挙権を25歳以上の男子全員に認めたいわゆる普通選挙が導入されたときも、女性には選挙権が与えられませんでした。

戦後、個人の尊重と法の下の平等をうたう現行の日本国憲法が制定されたことによって、法的には男女平等が大いに進展しました。昭和22年（1947年）に制定された日本国憲法の施行に伴う民法の応急的措置に関する法律や同年の民法の改正により、家制度や戸主が廃止され、家族生活における男女平等が実現されました。また、憲法の施行に先立って、女性にも参政権が認められ、昭和21年（1946年）の衆議院選挙では39人の女性議員が当選しました。

もっとも、法的には男女平等が進展したとしても、社会的には女性の社会進出は急には進まず、「男性は仕事、女性は家庭」という固定的な役割分担が通用していました。

このような状況の中、国連では、昭和50年（1975年）を「国際婦人年」と、昭和51年（1976年）からの10年間を「国連婦人の十年」と定め、加盟国に対して「世界行動計画」を達成するよう呼びかけが行われました。また、昭和54年（1979年）には女子差別撤廃条約が採択されました。

我が国でも、このような国際的な動きと呼応し、昭和52年（1977年）に「国内行動計画」を策定し、「国連婦人の十年」の間に、父系優先主義から父母両系主義とする国籍法の改正、男女雇用機会均等法の制定などが行われました。また、昭和60年（1985年）には、女子差別撤廃条約を批准しました。確かに、昭和60年に男女雇用機会均等法が制定され、それを契機に、それまで職場で補助的な仕事を担う役割に固定されていた女性に、いわゆる女性総合職として主要な仕事をするような機会が与えられたことは、画期的な出来事だったと思います。

その後も、国際的には、平成7年（1995年）の北京での第4回世界女性会議、平成12年（2000年）のニューヨークでの「女性2000年会議」などで、女性の権利拡大の取り組みが行われました。国内でも、種々の施策が講じられ、平成11年（1999年）には、男女共同参画社会基本法が制定されました。男女共同参画はこれで終わりということはなく、同法が掲げる男女の個人としての尊厳が重んじられること、男女が個人として能力を発揮する機会が確保されること、性別による固定的な役割分担などの慣行を見直すこと、男女が社会の対等な構成員として政策等の立案・決定に共同して参画する機会が確保されること、家族を構成する男女が相互の協力の下に家族の役割を円滑に果たすとともに他の活動と両立することなどの理念は、今後ともその実現に努力し続けなければならないことだと思います。

基本法も普通の法律

法律の中には「基本法」という法律がありますが、これも特別な法律なのでしょうか？

基本法というのは、特別な法律ではなく、一般の法律のことじゃ。ただ、その法分野については、基本的な施策や方針を示しておるぞ。また、基本法に基づいて、基本法を具体化する個別法が制定されることがあるのじゃ。その意味で、基本法と個別法という分類もできるかもしれないが、基本法と個別法は法律の効力としては同じものだと理解するのじゃ。

Study Corner

基本法の増加傾向

基本法として最初に登場したのは、昭和22年の教育基本法です。教育基本法は、現行憲法の制定に合わせ、憲法の精神である民主的で平和的な国家を再建するためには、教育の力による必要があるとの基本認識の下に、戦前の国家主義的、軍国主義的な教育を否定し、個人の尊厳と平和を重視する教育を徹底しようとするものでした。基本法の特質として、憲法と個別法との間をつなぐものとして、憲法の理念を具体化する役割を果たすとされていますが、教育基本法は、教育の分野ではまさに憲法を補完する性格を有するものとされています。

実際、教育基本法を改正する動きがあるたびに、大きな議論が起こり、なかなか改正することができませんでした。ようやく平成18年に、制定から約60年ぶりに改正が行われ、公共の精神、愛国心などが盛り込まれました。このことは、改正を目指してきた自民党などからは、画期的な出来事だと言われました。

最近、「○○基本法」という法律がどんどん制定され、平成21年8月現在で、37本の基本法があります。教育基本法の改正の歴史から考えると、やや安易に基本法を制定しているとも言えるでしょう。特に、自殺対策基本法、宇宙基本法など、議員立法で基本法が制定されることが多くなっています。これは、基本法が、政府に対して、施策のあるべき方向性を示すという性格を持っているため、国民の代表である国会議員が作る議員立法になじみやすいからだとも言われています。

ところで、従来、法律は、人に権利を与え、又は義務を課す規定（これを法律事項と言います。）を定める規範だと考えられてきました。多くの基本法は、政策の基本理念や指針、国や地方公共団体の責務などを定めるだけで、具体的な法律事項を定めていませんので、法律として定める意味があるか議論されることがあります。

この点、基本法を法律として定める意味について疑問を持つ説もありますが、特定の行政分野において、基本法はいくつかの個別法の中核として位置づけられ、個別法の解釈・運用の基礎となること、重要な施策の方向性は国民の代表である国会が法律の形で定めることが議会制民主主義の進展に沿うことなどの理由で、基本法を法律として定める意味を積極的に認める説もあります。

Study Corner

議員立法——国会議員が作る法律案

議員立法というのは何ですか？　憲法改正国民投票法、ドメスティック・バイオレンス防止法などは、議員立法だということは聞いたことがありますが、特別な法律なのでしょうか？

いいや。議員立法は、普通の法律じゃ。ただ、法律の元となる法律案を提案したのが国会議員であることに特色があると言えるじゃろう。法律案を提案できるのは、国会議員と内閣じゃ。制度上の名称ではないが、国会議員が提案して成立した法律を議員立法、内閣が提案して成立した法律を政府立法と呼ぶことがあるのじゃよ。

要するに、法律案の提出者の違いだけですね。

そのとおり。法律案が提案されれば、衆参両議院の委員会や本会議で審議され可決されれば法律として成立することは、よく御存じじゃろう。しかし、法律案が提案前どのように作成されるかについては、あまり知られていないようじゃのう。

そうですね。法律案の作成過程を教えてください！

内閣が提案する法律案は「閣法」、衆議院議員が提案する法律案は「衆法」、参議院議員が提案する法律案は「参法」と呼ばれておる。

まず、「閣法」は、簡単に言えば、担当の省庁が案文を作成し、他の関係省庁や与党と協議し、必要に応じて審議会などの意見を聴き、内閣法制局の審査を経た上で、閣議で決定され、国会に提出されるのじゃ。詳細は、内閣法制局のホームページの「法律ができるまで」の項目（http://www.clb.go.jp/law/index.html）を参照するとよいじゃろう。図解で分かりやすく説明されておるぞ。

次に、「衆法」や「参法」は、国会議員が所属政党の政策スタッフなどの協力を得て政策をまとめ、衆議院法制局又は参議院法制局に法律案の作成を依頼し、一定の賛成者を得て議院に発議されるのじゃ。

詳細は、参議院法制局のホームページの「参議院法制局の紹介≫職務≫議員立法の補佐」の項目（http://houseikyoku.sangiin.go.jp/introduction/job.htm#job01）を参照するのじゃ。

第3章 法令の成り立ち

法令を読み解く方法を伝授してください。

法令にはいろいろな約束事があり、法令の構成、用語等を理解すると、理解しやすくなるのじゃ。この章では、法令の構成についてお話を進めようかのう。法令は、次のような構成部分からできているのじゃ。

法令の構成部分

公布文↓

行政機関が行う政策の評価に関する法律をここに公布する。

御名　御璽

平成十三年六月二十九日

内閣総理大臣　小泉純一郎

法律番号↓

法律第八十六号

題　名↓

行政機関が行う政策の評価に関する法律

目　次↓

目次

章　名↓

第一章　総則

見出し↓

（目的）

条　名↓

第一条　この法律は、行政機関が行う政策の評価に関する基本的事項等を定めることにより、政策の評価の客観的かつ厳格な実施を推進しその結果の政策への適切な反映を図るとともに、政策の評価に関する情報を公表し、もって効果的かつ効率的な行政の推進に資するとともに、政府の有するその諸活動について国民に説明する責務が全うされるようにすることを目的とする。

題　名——法令の名前

それぞれの部分を説明してください。
まずは題名じゃ。題名は、その法令の名称で、その法令の内容を正確かつ簡潔に表したものだぞ。

Study Corner

法令の題名

法令の題名は、その法令の内容を正確かつ簡潔に表したものです。そのため、「民法」「刑法」などのように短く表すことができるのもポイントです。

反対に、「日本国とアメリカ合衆国との間の相互協力及び安全保障条約第六条に基づく施設及び区域並びに日本国における合衆国軍隊の地位に関する協定の実施に伴う土地等の使用等に関する特別措置法の一部を改正する法律附則第五項の規定による裁決の申請に関する政令」といった長い題名のものもあります。

題名が長いと略称で呼ばれることも多くなります。「育児休業、介護休業等育児又は家族介護を行う労働者の福祉に関する法律」が「育児・介護休業法」と、「雇用の分野における男女の均等な機会及び待遇の確保等に関する法律」が「男女雇用機会均等法」と呼ばれるのがその例です。このような有名な略称は法令集の目次でも記載されています。

平成19年にいわゆる「テロ特措法」が失効し、海上自衛隊がインド洋からの撤退を余儀なくされたことを御記憶の方も多いのではないかと思いますが、その「テロ特措法」は、正式の題名が「平成十三年九月十一日のアメリカ合衆国において発生したテロリストによる攻撃等に対応して行われる国際連合憲章の目的達成のための諸外国の活動に対して我が国が実施する措置及び関連する国際連合決議等に基づく人道的措置に関する特別措置法」で、題名が長いことでも若干話題になりました。このくらい長くなると、略称を使わないとどうにもならない感じです。

ところで、法律には「〇〇法」「〇〇に関する法律」という名称がついていますが、それには例外がないのですか？
いいや。題名のない法律もあるのじゃ。

Study Corner

題名のない法令の呼び名

「独占禁止法」と呼ばれている法律があることは多くの方がご存知でしょうが、この法律の正式の題名は何でしょうか。六法全書をみると、「私的独占の禁止及び公正取引の確保に関する法律」として掲載されていますし、一般的にはこれを題名として扱っていると思うのですが、正確に言えば、この法律には題名がないのです。

「独占禁止法」は、昭和二十二年法律第五十四号として現行憲法が施行される少し前に公布された法律ですが、公布された姿をみると、冒頭に「朕は、帝国議会の協賛を経た私的独占の禁止及び公正取引の確保に関する法律を裁可し、ここにこれを公布せしめる。」という公布文が置かれた後、御名御璽、大臣名、法律番号と続いて、そのまま目次、「第一章総則」となります。法律の題名は、どこにも見当たりません。

実は、戦前から、現行憲法の施行後も含めて昭和22年ごろまでの法令には、題名の付けられていないものが少なくないのです。既存の法令の一部を改正する法令や一時的な問題を処理するための法令、あるいは簡潔な題名を付けることが困難な法令等については、題名が付けられないことがむしろ通例でした。

題名が付けられていないとしても、その法令の呼び名がないと内容が推察できないのでやはり不便です。そこで、実際には、その法令の公布文の中の字句がその法令の名称として用いられています。つまり、先ほどの昭和二十二年法律第五十四号の規定をほかの法令の中で引用するときには、「私的独占の禁止及び公正取引の確保に関する法律（昭和二十二年法律第五十四号）第○条の規定」などと表現することになります。

題名のない法律のこうした呼び名は、「題名」と区別して「件名」と呼ばれています。件名は、法令の一部である題名と違って、便宜的な呼び名ですので、その引用の仕方にも題名とは異なるところがあります。ある法令の題名をほかの法令で引用する場合にはそのとおりに引用するしかありませんが、件名の場合には、公布文では片仮名・文語体で書かれている件名でも、その件名を引用しようとする法令が平仮名・口語体のときは、平仮名・口語体にして引用してよいこととされています。また、改正によって法令の内容がそれまでの件名と異なることになったときは、件名の改正ということはなく、改正後の内容に即した件名を使うことができます。

例えば、「金融機関の信託業務の兼営等に関する法律」(昭和十八年法律四十三号)という法律は、制定当時は題名がなく、公布文で「……普通銀行等ノ貯蓄銀行業務又ハ信託業務ノ兼営等ニ関スル法律ヲ裁可シ……」とされていました。そこで、戦後は「普通銀行等の貯蓄銀行業務又は信託業務の兼営等に関する法律」という件名が使われたのですが、昭和五十六年法律第六十一号による改正後は「普通銀行の信託業務の兼営等に関する法律」という件名が、さらに平成四年法律第八十七号による改正後は「金融機関の信託業務の兼営等に関する法律」という件名が使われるようになり、ついに平成十八年法律第百九号による改正でそれが正式の題名として付けられたのです。

Study Corner

題名と件名の違いは、なかなか難しいものですね。

ところで、第2章の法令の種類の箇所で、勅令や太政官布告のような現在では存在しない法令の形式があることをお話したのう。その中には、法律の効力を持たされているものがある。このようなことから、「○○法」となっていなくても実質は法律の扱いを受けるものもあれば、「○○法」となっていても形式は政令であるものもあるのじゃ。

Study Corner

「出入国管理及び難民認定法」という政令

「出入国管理及び難民認定法」という政令があります。というと、怪訝な顔をされる方が少なくないでしょう。しかし、「出入国管理及び難民認定法」は、現に法律としての効力を有している法令なのですが、その形式は政令です。六法全書などをみても、昭和二十六年十月四日政令三百十九号と記されています。

実は、「出入国管理及び難民認定法」は、昭和57年に改正されるまでは、「出入国管理令」という政令らしい題名でした。しかし、当初からその内容は、出入国管理の手続やこれに違反した場合の罰則など、法律をもって定めなければならない内容を定めるものだったのです。それでは、なぜ政令でそのような内容を定めることができたのでしょうか。

我が国が連合国の占領下に置かれていた昭和20年9月20日、「ポツダム宣言の受諾に伴い発する命令に関する件」という緊急勅令が公布されました。「ポツダム緊急勅令」と呼ばれるこの勅令は、「政府ハ「ポツダム」宣言ノ受諾ニ伴ヒ連合国最高司令官ノ為ス要求ニ係ル事項ヲ実施スル為特ニ必要アル場合ニ於テハ命令ヲ以テ所要ノ定ヲ為シ及必要ナル罰則ヲ設クルコトヲ得」と規定し、本来なら法律をもって定めなければならない事項について、極めて広範に命令への委任を行うものでした。「出入国管理令」は、このポツダム緊急勅令に基づいて定められた政令だったのです。

昭和27年4月28日に連合国との間で平和条約が発効すると、ポツダム緊急勅令は廃止されますが、それに基づいて定められた各種の命令（いわゆる「ポツダム命令」）については、一律に廃止されるのではなく、法律によって整理改廃の措置がとられました。「出入国管理令」は、「ポツダム宣言の受諾に伴い発する命令に関する件に基く外務省関係諸命令の措置に関する法律」という法律の第四条で、「この法律施行後も法律としての効力を有するものとする」とされ、平和条約の発効後も法律としての効力を持続することになったのです。

「出入国管理及び難民認定法」以外に現在でも効力を有しているポツダム命令として、「物価統制令」（昭和二十一年勅令第百十八号）、「学校施設の確保に関する政令」（昭和二十四年政令第三十四号）、「死産の届出に関する規程」（昭和二十一年厚生省令第四十二号）などがあります。これらは、「○○法」というような題名ではなく、形式も勅令、政令、省令のままですが、法律としての効力を有するものとされ、その改正も法律によって行われています。

法令では同じ題名のものはないのですよね。

それがなくもないのじゃよ。例えば、頻繁に改正される法律では、複数の「○○法の一部を改正する法律」が存在しておる。

そのような場合は、どのようにそれぞれを区別するのでしょうか?

法令には、法令番号というものがあり、それで区別することになっておるのじゃ。平成20年の通常国会では「地方交付税法等の一部を改正する法律」という同名の法律が2本成立したが、一つには（平成二十年法律第四号）という法律番号が付され、もう一つには（平成二十年法律第二十二号）という法律番号が付されたのじゃ。

Study Corner

法律番号の補充

法律番号は、その法律を特定するために用いられるものです。法律の条文の中でほかの法律の規定を引用する場合、最初に引用する箇所には法律名とともに法律番号を付けます。例えば、地方自治法第九十二条第二項は、「普通地方公共団体の議会の議員は、地方公共団体の議会の議員並びに常勤の職員及び地方公務員法（昭和二十五年法律第二百六十一号）第二十八条の五第一項に規定する短時間勤務の職を占める職員（以下「短時間勤務職員」という。）と兼ねることができない」と規定し、地方公務員法に法律番号を付けています。それより後の第百三十八条第八項は、「事務局長、書記長、書記その他の職員に関する任用、職階制、給与、勤務時間その他の勤務条件、分限及び懲戒、服務、研修及び勤務成績の評定、福祉及び利益の保護その他身分取扱いに関しては、この法律に定めるものを除くほか、地方公務員法の定めるところによる」と規定し、地方公務員法に法律番号を付けていません。

ところで、A法案を提出する段階で、A法中で引用されるB法がまだ成立していない場合には、その法律番号を引用できないので、「B法（平成二十一年法律第　　号）」というように法律番号を空白にして提出されます。A法が成立しそれを公布する時点でB法が成立し公布されていれば、空白部分にB法の法律番号を入れた形でA法は公布されます。

一方、A法を公布する時点でB法が公布されていなければ、B法の法律番号を空白にしたままでA法は公布され、その後、B法が公布された場合には、内閣官房で、A法の原本に加筆してB法の法律番号の空白を埋めるとともに、A法の空白部分にB法の法律番号が入ったことを官報の正誤欄に掲載しています。

A法の公布後にこのような処理をすることについては、内容に影響がないとしても既に公布された法律の規定を変更するのだから法律改正によるべきではないかという疑問があるかもしれませんが、法律番号が空白でも立法者の意思はB法を引用することに確定しており、空白がB法の法律番号を示すことは極めて明白であるので、このような補完は立法者も許容していると考えられています。

ちなみに、大変珍しい例なのですが、「連合国占領軍等の行為等による被害者等に対する給付金の支給に関する法律」の第三条では、そこで引用されている「連合国占領軍等の行為等による被害者等に対する給付金の支給に関する法律の一部を改正する法律」の法律番号が「昭和四十一年法律第　　号」と空白のままになっています。この引用されている一部改正法は、昭和41年に成立したものの、公布が翌年の昭和42年になってしまい、法律番号の空白を埋めるだけでなく「昭和四十一年」の部分を改める必要が生じているのですが、執行上支障がなかったためか、手付かずのまま現在に至っています。

本則と附則——附則も読む

法令の中身は、どのように構成されているのでしょうか？

法令の中身については、大きく「本則」と「附則」に分けられるのじゃ。「本則」にはその法令の本体的な内容が規定されておる。その具体的な事項については後ほど説明することにして、まず「附則」についてお話しよう。「附則」には、施行期日、経過措置、ほかの法令の一部改正などが規定されておる。学生時代勉強した際には、あまり附則などを読んだことはないと思うが、附則にも重要なことが規定されているのじゃよ。

Study Corner

退職共済年金の支給開始年齢

地方公務員等共済組合法では、退職共済年金の支給開始年齢は、本則では、原則として、65歳とされています（第七十八条）。

しかし、同法の附則では生まれた年月日により60歳以上とされています。

（退職共済年金の特例）

第十九条 当分の間、六十五歳未満の者（前条第一項各号に掲げる者を除く。）が、次の各号のいずれにも該当するに至つたときは、その者に退職共済年金を支給する。

一 六十歳以上であること。

二 一年以上の組合員期間を有すること。

三 組合員期間等が二十五年以上であること。

第十九条の二 次の表の上欄に掲げる者（特定警察職員等を除く。）について前条の規定を適用する場合においては、同条第一号中「六十歳」とあるのは、それぞれ同表の下欄に掲げる字句に読み替えるものとする。

昭和二十八年四月二日から昭和三十年四月一日までの間に生まれた者	六十一歳
昭和三十年四月二日から昭和三十二年四月一日までの間に生まれた者	六十二歳
昭和三十二年四月二日から昭和三十四年四月一日までの間に生まれた者	六十三歳
昭和三十四年四月二日から昭和三十六年四月一日までの間に生まれた者	六十四歳

これは、支給開始年齢を60歳から65歳に引き上げた際に、年金を受給しようとする者の期待を保護するため、段階的に支給開始年齢を引き上げることとしたものです。このように年金の支給年齢という極めて重要なことも附則に書かれていますので、附則を読み飛ばすわけにはいきません。

Study Corner

目的規定——法令の目指すもの

では、本則にはどのような規定があるのでしょうか？

本則の第一条には、目的規定が置かれることが多いのう。目的規定は、その法令の立法目的を簡潔に表現したものじゃ。その法令の解釈・運用の指針になることもあるのう。

Study Corner

目的規定の長短

目的規定には、次に掲げる中間法人のように短いものから、裁判の迅速化に関する法律のように長いものがあります。短い目的規定には、直接的な目的だけが規定されています。これに対して、長い目的規定には、法令を制定する動機、目的達成の手段、直接的な目的、高次な目的などが規定されています。

○中間法人法

（目的）

第一条　この法律は、中間法人の組織及び運営について定めることを 目的とする。

○裁判の迅速化に関する法律

（目的）

第一条　この法律は、司法を通じて権利利益が適切に実現されることその他の求められる役割を司法が十全に果たすために公正かつ適正で充実した手続の下で裁判が迅速に行われることが不可欠であること、内外の社会経済情勢等の変化に伴い、裁判がより迅速に行われることについての国民の要請にこたえることが緊要となっていること等にかんがみ、裁判の迅速化に関し、その趣旨、国の責務その他の基本となる事項を定めることにより、第一審の訴訟手続をはじめとする裁判所における手続全体の一層の迅速化を図り、もって国民の期待にこたえる司法制度の実現に資することを 目的とする。

なお、規定の数の少ない法令などには、目的規定ではなく、その法令で定める内容を簡潔に表現した趣旨規定が置かれることがあります。次のようなものがその例です。

○地方公共団体の一般職の任期付職員の採用に関する法律

（趣旨）

第一条　この法律は、地方公共団体の一般職の職員の任期を定めた採用に関する事項について定めるものとする。

定義規定——用語の定義

次に、本則の前の方に定義規定が置かれることも多いのじゃ。定義規定とは、その法令で必要となる基本的な用語・概念について、その内容・意味を明確にしたものじゃ。法令を読むときには、この定義規定で定義された用語などをまず押さえてから各条文を読むことが重要となっておるぞ。

Study Corner

法令における用語の定義の方法

法令における用語の定義の方法としては、大きく分けて二つあります。一つは定義規定を特に置く方法、もう一つは法令の規定中で括弧を用いて定義を行う方法です。次に掲げる公職選挙法第三条が前者の例で、地方公務員法二十八条の二が後者の例です。

○**公職選挙法**

（公職の定義）

第三条　この法律において「公職」とは、衆議院議員、参議院議員並びに地方公共団体の議会の議員及び長の職をいう。

○**地方公務員法**

（定年による退職）

第二十八条の二　職員は、定年に達したときは、定年に達した日以後における最初の三月三十一日までの間において、条例で定める日（以下「定年退職日」という。）に退職する。

この二つの方法の使い分けについては、明確な基準があるわけでありませんが、法令の内容が複雑であり、かつ、その法令においてその用語が重要な意義を有するような場合、あるいは、その用語の用いられる度数が比較的多いような場合には、定義規定を特に置く方法が使われ、それ以外の場合には、法令の規定中で括弧を用いて定義する方法が使われるのが一般的です。

定義規定を特に置く方法の場合、こうした定義規定は普通その法令の初めの方の総則的な部分に置かれ、その定義規定による用語の定義はその法令全体に及ぶこととなります。また、法令の規定中で括弧を用いて定義する方法の場合は、その括弧書による用語の定義は、その括弧書以後の同一の用語にだけ及ぶことになります。ということは、法令をみていて、ある用語の定義を知りたいと思ったら、その法令の総則的な部分にその用語を定義した定義規定が置かれていないか確認するとともに、その用語の出てきた箇所よりも前の方で括弧を用いて定義されていないか探せばよいということになります。

しかし、常にこういう探し方で定義がみつかるわけではありません。用語の定義がその用語の出てきた箇所よりも後の方でされることもあるからです。次のようなものがその例ですが、後ろの方といってもその同じ条の中で定義されているのが普通なので、まずはその条をしっかり読もうということでしょう。

○地方公務員法

（職員団体）

第五十二条 この法律において「職員団体」とは、職員がその勤務条件の維持改善を図ることを目的として組織する団体又はその連合体をいう。

2 前項の「職員」とは、第五項に規定する職員以外の職員をいう。

罰則――法令に違反すると罰せられる

本則の最後の方に、罰則規定が置かれることも多いぞ。罰則規定は、懲役、罰金、過料などを科す旨を定めるものじゃ。

刑法では、「他人の財物を窃取した者は、窃盗の罪とし、十年以下の懲役又は五十万円以下の罰金に処する」というように、他人の財物を盗むことは当然反社会的行為であるので、「他人の財物を窃取してはならない」という義務を課す規定を置くまでもなく直ちに罰する旨の規定を置くのじゃ。これに対して、行政法規では実体規定の中でまず義務を課す旨の規定を置き、その義務の履行を強制するための罰則規定を法令の最後の方に置くことが多いのじゃ。

Study Corner

五十円以下の罰金？

「印紙犯罪処罰法」という法律の第三条は、「帝国政府ノ発行スル印紙其ノ他印紙金額ヲ表彰スヘキ証票ヲ再ヒ使用シタル者ハ五十円以下ノ罰金又ハ科料ニ処ス」と規定しています。印紙を再使用すると50円以下の罰金又は科料ということなのですが、50円以下では、現在のお金の価値からすると、とても刑罰になりません。どうしてこんなに低額の罰金が定められているのでしょうか。

罰金は、現在、刑罰の中でも大変大きな地位を占めており、非常に多くの法律に規定されているのですが、一定の金額の財産を剥奪することを内容とするものである以上、インフレーションや国民の所得水準の上昇があれば、その重みが低下して刑罰としての機能を果たせなくなるという宿命があります。罰金は、その時々の経済事情に適合するように額を改定していくことが必要になるわけです。

このため、法律の実質的な改正をするに当たっては、本来の改正目的からすると直接には改正対象とならない罰則も含め、罰金の額の見直しが行われます。また、実際の罰金の適用状況等からみて、その額では犯罪に対する抑止力に問題があるというような状況になると、罰金の額の改定そのものを目的とした法律改正が行われることもあります。

冒頭で紹介した印紙犯罪処罰法は、明治42年に制定された法律ですが、それから一度も改正されたことがありません。おそらく、この法律の内容そのものの改正を必要とするような状況も、また、ことさらに罰金の額を改定しなければ問題が生ずるようなこともなく、制定から100年が過ぎ、その間の経済事情等の変動から取り残されてしまったということなのでしょう。この法律のように制定時から全く改正されていない法律や、ほかの法律の改正法の附則などで付随的にしか改正されたことのない法律の中に、こうした時代遅れの罰金が見受けられるというわけです。

さて、それでは実際にこの印紙犯罪処罰法第三条の印紙再使用の罪を犯した場合にどうなるかというと、実は、「罰金等臨時措置法」という法律で、こうした経済事情の変動に伴う罰金の額等に関する特例が定められていて、その多額が2万円に満たない罰金については これを2万円とすることとされています。つまり、50円以下と定められている印紙再使用の罪の罰金も、2万円以下の罰金として適用されているということで、とりあえず罰金としての機能は果たし得る形になっています。

Study Corner

両罰規定

行政法規などの罰則の規定をみていると、「法人の代表者又は法人若しくは人の代理人、使用人その他の従業者が、その法人又は人の業務に関して前○条の違反行為をしたときは、行為者を罰するほか、その法人又は人に対して各本条の罰金刑を科する」というような規定をよく目にすると思います。これは、両罰規定と言われるもので、ある犯罪が行われた場合に、その行為者本人のほか、その行為者と一定の関係にある者も処罰することを規定したものです。昨今、会社ぐるみの犯罪がしばしば報道されますが、両罰規定は、こうした企業犯罪について特に大きな意味を持っています。

刑法の総則は、刑を科されるべき者は自然人であることを前提としていて、特別の規定がない限りほかの法令の刑罰規定にもこれが適用されますから、各種の法令に置かれた刑罰規定は、基本的に行為者である自然人を処罰するものです。したがって、仮に、「第○条の規定による報告を提出せず、又は虚偽の報告をした者は、六月以下の懲役若しくは五十万円以下の罰金に処し、又はこれを併科する」という規定があり、ある法人が報告を求められてその代表者が虚偽の報告をしたとすると、この規定で処罰されるのはその代表者になります。

しかし、こうしたケースで法人の代表者だけを処罰すれば十分とは思われません。これらの違反行為で実際に利益を得るのはその法人ですし、社会的にみれば、報告を求められ虚偽の報告をしたのはその法人だと考えられますから、その法人も処罰すべきだと考えるのが自然でしょう。両罰規定は、このような要請に応えて、その法人自体も処罰するために置かれているわけです。なお、規定をみると分かるとおり、両罰規定は、法人のほか、自然人である事業主にも作用するように規定されています。

両罰規定で法人に科される刑は、罰金などの財産刑です。法人を懲役や禁錮にはできませんからこれは当然ですが、その場合の法人に科される罰金の上限額は、かつては行為者に科される罰金の上限額と同一でした。しかし、近年は、法人については、行為者とは別に上限額を非常に高額にしているものがあります。これは、行為者と同じ上限額では、巨大化した今日の法人企業に対し、懲罰として十分に機能し抑止力を発揮できる罰金を科すことができないという考えで、平成3年の法制審議会刑事法部会の報告を機に導入されてきたものです。

罰金の上限額については、最近は経済法等の分野で高額のものがみられ、出資法や貸金業法の中には自然人について3千万以下の罰金がありますが、先述のような動きの中で、法人については更に高額の罰金がみられるようになっており、例えば金融商品取引法には7億円以下の罰金が規定されています。

実体規定――本則の中心的な規定

本則の最初と最後の方の規定は分かりました。では、本則の中心的な規定はどのようなものがあるのでしょうか？

そこは意識的に外しておいたのじゃが、気がついたようじゃのう。実は、本則の中心的な規定、これを実体規定と呼んでおくが、それは法令によって様々でそれらを体系的に挙げることは難しいのじゃよ。

難しいのですね……。それでは代表的なものだけでも教えてください！

それなら、事業を営む際に行政機関の許認可を受けなければならないという事業規制に関する規定があるぞ。

いわゆる許認可行政のことですね。

そのとおり。事業規制に関する規定としては、許認可の申請、許認可の基準、許認可を受けた者の義務などの規定があるのじゃ。

この実体規定を理解することが法令の本体部分を理解することなのですか？

そう言っても過言ではないじゃろう。理解のためには、法令そのものの知識だけでなく、憲法、行政法などの学問的知識、法令の対象とされる社会的事象に関する知識などを総動員することが必要となるのじゃ。これが入門編を終えた次のステップじゃろう。なお、本書の最後に、法令の理解に資するため行政法のアウトラインの解説をしておいたので、参考にしてもらえると嬉しいのう。

施行期日──法令が効力を生じる日

附則にはどのような規定があるのでしょうか?

まず、附則の第一条（項）には、施行期日に関する規定が置かれておる。

法令は、制定され公布されれば効力が生ずるのではないのですか?

いいや。法令は、公布によって国民に周知され、施行によって法令としての実際の効力が生じるのじゃ。刑罰を科す法令を考えていただければ明らかなように、法令が国民に周知され理解される前に効力が生ずると、法令の内容を理解しないまま罰せられるという不都合が生じてしまう。つまり、周知期間や準備期間が必要な法令については、公布の日から期間をおいてから施行するということになっておるのじゃ。

公布日施行の問題点

昭和29年に覚せい剤取締法が改正され、覚せい剤不法所持の罰則が引き上げられることになり、この改正法の施行期日が「公布の日」となっていました。ところが、ちょうど「公布の日」の午前9時ごろに覚せい剤を不法所持していた者がいたことから、適用される罰則は、改正前のものか改正後のものか裁判所で争われました。

公布の日のどの時点から法令の効力が生じるかについては、官報の日付説（公布の日の午前0時）、官報の発送手続完了時説、最初の閲読可能時説、各地方における閲読可能時説、最終到着時説など諸説あったようですが、最高裁判所は、最初の閲読可能時説を採用しました。その理由は、法令を官報により公布する場合には、官報が印刷局より全国の各官報販売所に発送され、これを一般希望者がいずれかの官報販売所又は印刷局官報課で閲覧し又は購読しようとすれば、それをなし得た最初の時点までにはおそくとも、公布されたと解すべきであるということです。そして、問題の事件については、公布の日の午前8時30分までに一般国民の知りうべき状態におかれたものとして、改正後の法律が適用されました。

この事件をみても、やはり罰則を科す法令を公布日施行とするのは国民の周知という点から問題だと思います。最近では、罰則を科す法令については公布日から最低10日は置いてから施行することとされています。

Study Corner

施行期日にもいろいろあって

法令の施行期日は、「この法律は、……から施行する。」というように規定するのが基本ですが、「……」の部分の書き方には様々なものがあります。

一番単純なのは「公布の日」でしょう。公布されたその日に施行してしまうということですが、国民への周知という観点からすると、前のコラムでも述べられているとおり、罰則を科す法令はもちろんのこと、それ以外でも、国民に義務を課したり国民の権利を制限するような法令を公布日に施行することは避けるべきと考えられます。逆に、国民に利益を与える法令や行政の内部的な事項に関する法令などは、公布日施行とされることも少なくないようです。

このような国民への周知という観点から、一定の期間を定めて、公布後その期間が過ぎてから施行するという場合には、「公布の日から起算して○日を経過した日」となります。「○日」の部分は、「○月」や「○年」ということもあります。

年度の初日である4月1日から施行する場合など、特定の日から施行するのであれば、「平成○○年○月○日」という確定日付になります。法律や条例を立案する場合、確定日付にするときには、国会や議会での審議日数をよく見極めないと、その日付までに成立しないこともあるので注意が必要です。

施行期日を特定の事実の発生にかからせることもあります。例えば、条約関連の法律について「○○条約が日本国について効力を生ずる日」としたり、ほかの関係法律と同時に施行する法律について「○○法の施行の日」とする場合です。国会関係の法律では、「次の常会の召集の日」などとすることもあります。

ここまでに挙げたものは、いずれも、その法令の附則で確定的に施行期日を規定する方法ですが、その法令では確定的に施行期日を定めずに、ほかの法令に委任してしまうこともあります。「公布の日から起算して○月を超えない範囲内において政令で定める日」としたり、例は多くありませんが、「別に法律で定める日」としたりするものです。

Study Corner

法令の施行期日は、その法令で確定的に定めることが望ましいのですが、法令の施行の準備に要する期間が明らかでないなどの理由でそれが難しい場合に、ほかの法令に委任するという方法がとられます。実際のところ、法律の場合には、政令に施行期日を委任するものがかなり多くみられます。「公布の日から起算して○月を超えない……」の「○月」の部分は、「○年」となったり法律によって様々ですが、中には、「裁判員の参加する刑事裁判に関する法律」のように、「五年」という長期間をとったものもあります。

脱線話――法令における「日」

法令においては、「日」というのは重要なことなのですね。

法令の施行期日を定めるときも、「公布の日から十日後に施行する。」というあいまいな表現を採らず、「公布の日から起算して十日を経過した日から施行する。」と表現しておる。脱線になるが、法令における日にまつわるお話をしようかのう。

法令における期間の起算日と満了日

法令で期間を計算するときは、特段の規定がなければ、民法の規定に従うものと考えられています。民法では、時間によって期間を定めた場合は、その期間は即時から起算することとされ、日、週、月又は年によって期間を定めた場合は、期間が午前零時から始まるときは初日を算入しますが、それ以外は初日を算入しないこととされています。したがって、法令で「……の日から○月」と規定されている場合は、「……の日」の翌日を起算日とし、特に「……の日から起算して○月」と規定されている場合には、「……の日」を起算日とすることになります。

一方、期間の満了については、民法では、週、月又は年によって期間を定めた場合は、週、月又は年の期間の長さは暦に従って計算し、最後の週、月又は年においてその起算日に応当する日の前日に満了することとされています。例えば、午前零時から期間が始まる場合を除くと、12月30日から1か月間という場合には、翌31日を起算日として、起算日の翌月の応答日である1月31日の前日の1月30日の終了をもって満了することになります。えっ？

そのルールだと、12月30日から2か月間という場合には2月30日になってしまうって？……ご心配なく。民法には、最後の月に応答する日がないときはその月の末日に満了すると規定されているので、2月28日に満了します（うるう年だと29日ですが）。

さて、うるう年の場合は別として、今度は、その2月28日から1か月間について考えてみましょう。もし、1か月間という定め方で物を借りるとしたら、2月27日から借りるよりも1日待って2月28日から借りた方がお得ということになります。なぜかというと、2月27日から1か月間の場合は、翌日の2月28日を起算日として、起算日の翌月の応答日である3月28日の前日である3月27日の終了をもって期間が満了します。これに対して、2月28日から1か月間の場合は、2月28日の翌日の3月1日を起算日として、起算日の翌月の応答日である4月1日の前日である3月31日の終了をもって満了することになります。2月27日から1か月間だと、借りた当日も含めて29日間しか借りられませんが、28日から1か月間だと、同様に数えて32日間借りることができるわけですね。

Study Corner

なぜ4月2日生まれからが同級生？

前のコラムで法令における期間の起算日と満了日のお話をしましたが、それにまつわるお話をもう一つ。子どもの就学についてです。

平成21年4月1日に小学校に入学した子どもは、平成14年4月2日生まれから平成15年4月1日生まれまでの子どもです。自治体のお知らせなどをみてもそう書いてあるのですが、どうして4月1日生まれから翌年3月31日生まれまでという区切りでないのか、疑問に思われたことはないでしょうか。

「学校教育法」第十七条によると、保護者は「子の満六歳に達した日の翌日以後における最初の学年の初めから」小学校に就学させる義務を負います。「満六歳に達した日」が4月1日の子にとって、その翌日の4月2日以後にやってくる最初の学年は翌年の4月1日に始まる学年、「満六歳に達した日」が3月31日の子にとっては、その翌日の4月1日以後にやってくる最初の学年はその4月1日に始まる学年です。つまり、前年の4月1日からその年の3月31日までに「満六歳に達した」子が、その年の4月1日に始まる学年に入学することになります。「学校教育法」の就学義務の規定は、こういう考え方で作られているのです。

では、3月31日に「満六歳に達した」子は何月何日に生まれた子でしょうか。実は、年齢の計算については、「年齢計算ニ関スル法律」という法律があって、「年齢ハ出生ノ日ヨリ之ヲ起算ス」と規定されています。そうすると、ある年の4月1日に生まれた子は、4月1日を起算日として起算日の6年後の応答日の前日である3月31日をもって6年の期間が満了し、「満六歳に達した」ことになります。こうしたことから、前年の4月2日生まれの子からその年の4月1日生まれの子までが、その年の6年後の4月1日に同じ学年に入学することになります。4月1日生まれの子は、いわゆる「早生まれ」になるわけです。

Study Corner

Study Corner

4月29日は何の日

4月29日は何の日かと問われれば、「みどりの日」と答える人も多いでしょう。しかし、現在は、「昭和の日」です。

もともと、4月29日は、昭和天皇の誕生日で「天皇誕生日」の祝日でした。平成になって、国民の祝日に関する法律（祝日法）の改正（平成元年法律第五号）により、4月29日を「みどりの日」の祝日にしました。「みどりの日」とは、自然に親しむとともにその恩恵に感謝し、豊かな心をはぐくむための祝日だとされています。「みどりの日」を4月29日にしたのは、この時期が新緑の季節として緑豊かな自然に親しむ上で最もふさわしい時期であり、六十数年にわたり天皇誕生日として、ゴールデンウイークのいわば始まりの休日として国民に定着しているからだとされています。

ところが、平成17年の祝日法の改正（平成十七年法律第四十三号）により、4月29日を「昭和の日」の祝日にしました。「昭和の日」とは、激動の日々を経て、復興を遂げた昭和の時代を顧み、国の将来に思いをいたすための祝日だとされています。「昭和の日」を4月29日にしたのは、昭和の時代に天皇誕生日として国民に親しまれ、この時代を象徴する日であるからだとされています。これと同時に、「みどりの日」は5月4日に移されました。そして、この改正は、平成19年から施行されました。

ところで、祝日法では、その前日及び翌日が「国民の祝日」である日は休日とすることとされています。したがって、憲法記念日（5月3日）とこどもの日（5月5日）に挟まれた5月4日は、以前から休日でありました。そうすると、「みどりの日」を5月4日にしたとしても、休日は増えないという疑問もあります。ご安心ください。平成17年の祝日法の改正では、国民の祝日が日曜日に当たるときは、その日後においてその日に最も近い国民の祝日でない日を休日とすることとされました。したがって、5月4日が日曜日に当たるときは、5月6日が休日となり、休日は増えることもあるのです。

このように、祝日法は、国民の祝日に挟まれた日を休日にするなど、できるだけ連続して休めるように工夫していますが、休みが好きな私などは、思い切って週単位で休みにして文字どおりゴールデンウィーク（黄金週間）とするような制度にして欲しいのですが……。

Study Corner

サマータイムと標準時

夏の間、時計の針を1時間進めるサマータイムは、欧米では多くの国で実施されています。海外旅行をする際、時差の確認で注意しなければならない点でしょう。実は、我が国でも、昭和23年（1948年）から昭和26年（1951年）の間、サマータイムが導入されたことがありました。しかし、生活リズムの混乱、労働強化などの理由で昭和27年（1952年）に廃止されました。最近、省エネ、余暇の充実などの観点から、再び導入を図ろうとする動きもあるようです。

ところで、サマータイムは時計の針を1時間進めるということですが、その基になる標準時については、法令でどのように定められているのでしょうか。

法律の中では、総務省設置法や独立行政法人情報通信研究機構法が、総務省や情報通信研究機構の事務として標準時の通報を掲げています。実際には、情報通信研究機構が、標準時を通報しています。しかし、標準時の定義については、法律の規定はありません。情報通信研究機構が通報している標準時は、セシウム原子時計が刻む国際原子時をもとに国際協定で決められた協定世界時を9時間進めたものだとされています。ただ、これが我が国の標準時だと言い切るには、問題は簡単ではないようです。

本初子午線経度計算方及標準時ノ件（明治十九年勅令第五十一号）では、明治21年1月1日より東経135度の子午線の時をもって本邦一般の標準時と定めるとしています。また、標準時ニ関スル件（明治二十八年勅令第百六十七号）では、帝国従来の標準時はこれより中央標準時と称すとしています。これらの勅令が廃止されていないので、天文観測により求められた時刻を我が国の標準時とする考えもあります。この両者の間の現実の誤差は微々たるものですが、考え方は二とおりあるということです。

法令においては、「日」は重要と言いましたが、日を構成する時については、このように法令は十分に整理されていない状況なのは、ややおかしなこととも言えるでしょう。

経過措置——法令のスムーズな実施

附則には、施行期日以外どのような規定があるのでしょうか？

いろいろあるが、経過措置に関する規定が重要じゃろう。法令を改正したり廃止したりする場合、既存の法律関係を考慮することなくいきなり新しい法律関係を適用すると、それまでの法律関係に基づいて営まれてきた社会生活の安定性は大きく損なわれることになってしまうのじゃ。そのため、新しい法律関係に円滑に移行できるように既存の法律関係をある程度認める等の規定を置くことが望まれる。このような規定を経過措置と言うのじゃ。

例えば、公衆浴場法が制定され公衆浴場を営むには都道府県知事の許可を要することとされた際、それまでに適法に営業をしていた浴場業者は、その後も営業することを認める必要があるのじゃ。そこで、同法の附則に「この法律施行の際、現に従前の命令の規定により営業の許可を受け、又は営業の届出をして、浴場業を営んでいる者は、第二条第一項の許可を受けたものとみなす」という経過措置に関する規定が置かれているのじゃ。

Study Corner

「なお従前の例による」と「なおその効力を有する」

経過措置には様々なものがありますが、ここではまず、罰則に関する経過措置を考えてみましょう。例えば、刑事訴訟法の規定によると、犯罪行為をしてもその刑を定めた規定が裁判の時に廃止されていると、免訴の判決が言い渡され、処罰はされません。

しかし、同じ行為をして既に処罰された者との均衡や、罰則の廃止後もその行為の反社会性を追求する必要性などを考慮すると、罰則の廃止前に犯罪行為をした者に対し、その廃止後も同じ罰則を適用することが必要となる場合もあります。そういう場合には、「この法律の施行前にした行為に対する罰則の適用については、なお従前の例による。」とか、「この法律の施行前にした行為に対する罰則の適用については、旧法は、この法律の施行後も、なおその効力を有する。」というような形で、罰則に関する経過措置を規定します。

さて、この「なお従前の例による」と「なおその効力を有する」は、罰則に関する経過措置に限らず、法令の改廃に際して、特定の事項について改廃前の法制度を持続させる必要がある場合に広く使われる法令上の表現で、その意味も同じと言ってもよいのですが、法律的な効果としては異なるところがあります。

まず、「なお従前の例による」の場合は、改廃前の旧法令の規定は失効していて、「なお従前の例による」という規定自体が法令上の根拠になるのに対して、「なお効力を有する」の場合は、その規定によって効力を有することとされている旧法令の規定が根拠になります。

また、「なお従前の例による」と法律に規定されている場合は、当該旧法律の規定のほか、それに基づく政省令等の下位法令を含めて包括的に旧法令の規定によることになり、下位法令については経過措置を規定する必要がないのに対し、「なお効力を有する」と法律に規定されている場合は、そこで効力を有するとされた旧法律の規定だけが効力を有することになり、下位法令については別に経過措置を規定することが必要になります。

さらに、「なお従前の例による」の場合は、旧法令は既に失効しているので、旧法令の規定を後で改正することはできないのに対し、「なお効力を有する」の場合は、その事項に関しては旧法令の規定がまだ効力を有しているので、必要があれば後で旧法令の規定を改正することができます。

このような違いがあるので、この種の経過措置を設けるときには、下位法令との関係などを考慮して、どちらを使うかよく考えることが必要になります。罰則に関する経過措置の場合は、一般的には、罰則には下位法令が予定されていないので、どちらでもよいということになりますが、近年は、「なお従前の例による」とする例の方が多いようです

Study Corner

第4章 条文の成り立ちと中身

法令は、「第○条 ……」という条文からできているのでしょうか？

そのとおり。この条とは、法令の基本的な構成単位なのじゃ。

条の構造――条文の成り立ち

条は、どのような構造でしょうか？

いろいろなパターンがあるが、一つ例を挙げるとするなら、次の民法第百十一条のようなものがあるのう。

見出し↓　（代理権の消滅事由）

条　名↓　第百十一条　代理権は、次に掲げる事由によって消滅する。

号↓　一　本人の死亡

二　代理人の死亡又は代理人が破産手続開始の決定若しくは後見開始の審判を受けたこと。

項↓　2　委任による代理権は、前項各号に掲げる事由のほか、委任の終了によって消滅する。

Study Corner

条文はどこまで細分できるか

条は、例えば民法第四条のように「年齢二十歳をもって、成年とする」といった一つの文章から構成されるものもあれば、地方税法附則第十五条のように57の項から構成されるものもあります。

また、項や号だけでなく、イロハ、⑴⑵⑶、(i)(ii)(iii)を用いて細分された条もあります。次に掲げる地方税法施行令第五十四条の四十五のようなものがその例です。

（法第六百二条第一項第一号の土地の譲渡等）

第五十四条の四十五　（略）

4　法第六百二条第一項第一号ニに規定する土地の譲渡で政令で定めるものは、次に掲げる土地の譲渡とする。

一～六　（略）

七　宅地建物取引業者である土地の所有者等の行う土地の譲渡で次に掲げる要件に該当するもの

イ・ロ　（略）

ハ　当該土地の所有者等が取得したイに規定する土地をイに規定する家屋とともに譲渡する場合（災害により滅失した当該家屋の敷地の用に供されていた土地の譲渡をする場合を含む。）であつて、当該土地及び当該家屋（以下この号及び第六項において「居住用土地等」という。）の譲渡に係る対価の額から次に掲げる金額の合計額を控除した金額が、売買の代理報酬相当額（当該土地の所有者等が当該居住用土地等につき売買の代理を行うものとした場合において、当該居住用土地等の(1)に掲げる金額を当該売買に係る代金の額とみなして宅地建物取引業法第四十六条第一項の規定を適用したならば当該代理に関し受けることができることとされる同項に規定する報酬の額に相当する金額をいう。）を超えない場合における土地の譲渡であること。

(1) 次に掲げる場合の区分に応じ、それぞれに掲げる金額

(i) 当該土地の所有者等が個人である宅地建物取引業者である場合　居住用土地等に係る原価の額として所得税法第三十八条第一項の規定に準じて計算した金額（当該金額のうちに他の宅地建物取引業者に対して支払つた当該居住用土地等の売買の代理又は媒介に関する報酬の額に相当する金額が含まれている場合には、当該金額を控除した金額）

(ii) 当該土地の所有者等が法人である宅地建物取引業者である場合　当該居住用土地等の譲渡直前の帳簿価額（当該帳簿価額のうちに他の宅地建物取引業者に対して支払つた当該居住用土地等の売買の代理又は媒介に関する報酬の額が算入されている場合には、その額を控除した金額）

(2) （略）

こんな条文だれが読むのでしょうか?
あなたも地方税の担当になれば、読まなくてはならんぞ。

見出し――条文の表札

条の各部分の説明をお願いします。

条には、原則として、見出しがついておる。見出しは、条文の内容を簡潔に要約したもので、条文の内容の理解や条文の検索に役立つのじゃ。

例外もあるのですか？

まず、古い法令には見出しがついていないのじゃ。もう一つは、共通見出しといって、内容が類似した複数の条に対してまとめてその最初の条の前に見出しをつけることがあるのじゃ。

Study Corner

地方自治法の見出し

ある六法をみると、地方自治法の条文の表記に気になる点があります。次のように、見出しが、第三条では〔 〕で、第二百八条では（ ）で書かれています。

〔名称〕

第三条　地方公共団体の名称は、従来の名称による。

（会計年度及びその独立の原則）

第二百八条　普通地方公共団体の会計年度は、毎年四月一日に始まり、翌年三月三十一日に終わるものとする。

これは、地方自治法などの古い法令では原文に見出しがついていませんでしたので、六法の編集者が〔 〕で見出しをつけたのです。地方自治法の場合、その後の改正で第九章の財務の章などは、原文に見出しがつけられました。原文の見出しは（ ）でつけられます。

このように、同じ法令の中でも編集者のつけた見出しと原文の見出しが混在することもあります。

Study Corner

条名——第八条の次は第九条とは限らない

条名は、第一条から順番に並んでいるのですか？

原則はそうじゃな。ただ、第八条の二とか、第九条の三という枝番号を用いられていることもあるのじゃ。

なぜそのような変なことをするのでしょうか？

法令も最初に制定されるときは、第一条から順番に条名が付されるのじゃが、その後、改正される場合、条の移動が大変になるという理由で枝番号を用いられることになってしまうのじゃ。

条の枝番号と削除

Study Corner

法令に条を加える場合、その法令が短ければ、条を繰り下げる改正を行うことが多いと思います。しかし、例えば、１００条からなる次のような法令の、第八条の次に一つ条文を加える場合を考えてください。

第一条　～　第七条　……
第八条　……
第九条　～　第九十二条　……
第九十三条　第十二条及び第十三条の規定に違反した者は、○円以下の罰金に処する。
第九十四条　～　第百条　……

「第八条の次に次の一条を加える」として自動的に後の条文が繰り下がればよいのですが、そのような改正方式はありません。第百条から条を一条ずつ繰り下げ、第九十三条のように条文の中に第八条よりあとの条文を引用しているときはその条文を改正した上で条を繰り下げる改正を行います。また、ほかの法令の中にこの法令の条文を引用している場合は、そのほかの法令も改正する必要も出てきます。一つの条を加えるだけでこのような改正作業をするのは大変です。したがって、第八条の二という枝番号の条文を加える改正方式を採るのです。

同様のことは、既存の法令の条を削る場合にも起こります。この場合は、「第○条　削除」という改正方式を採るのです。

ただ、法令の中に枝番号や削除の条文が多くあるとか、あるいは、「第八条の三の二」といった枝番号の枝番号の条文があるということは、みた目はあまり美しくないと言えるでしょう。

Study Corner

項――条文の段落

条の中の「項」とは、どのようなものですか？

「項」とは、一つの条をいくつかの項目に分けるとき、項目ごとに改行された段落を言うのじゃ。項には、算用数字で項番号が付されておるぞ。

Study Corner

地方自治法の項番号

さきほどの六法をみると、地方自治法の条文の表記に見出し以外にも気になる点があります。次のように、項番号が、第三条では②と、第二百八条では2と書かれています。

〔名称〕

第三条　（略）

② 都道府県の名称を変更しようとするときは、法律でこれを定める。

（会計年度及びその独立の原則）

第二百八条　（略）

2 各会計年度における歳出は、その年度の歳入をもって、これに充てなければならない。

これは、地方自治法などの古い法令では原文に項番号がついていませんでしたので、六法の編集者が②、③……という項番号をつけたのです。地方自治法の場合、その後の改正で第九章の財務の章などは、原文に項番号がつけられました。原文の項番号は2、3……でつけられます。このように、同じ法令の中でも編集者のつけた項番号と原文の項番号が混在することもあります。

Study Corner

号―事項を並べる

条や項の中の「号」とは、どのようなものですか?

「号」とは、条や項の中でいくつもの事項を並べるとき、その部分を番号を付けて箇条書きにしたものを言うのじゃ。号には、縦書きの法令では漢数字で号名が付されておるのじゃ。

横書きの法令では、⑴⑵というかっこ書きの算用数字の号名が付されることが多いがのう。

Study Corner

項・号の枝番号と削除

項には、条のような枝番号や削除はありません。これは、項番号は文章の段落に便宜上付したものだからと説明されています。

これに対して、号には、枝番号や削除があります。次に掲げる地方税法第七十三条の七のようなものがその例です。

（形式的な所有権の移転等に対する不動産取得税の非課税）

第七十三条の七　道府県は、次に掲げる不動産の取得に対しては、不動産取得税を課することができない。

一　（略）

二　（略）

二の二　法人が新たに法人を設立するために現物出資（現金出資をする場合における当該出資の額に相当する資産の譲渡を含む。）を行う場合（政令で定める場合に限る。）

における不動産の取得
二の三 ～ 九 （略）
十 削除
十一 ～ 二十 （略）

Study Corner

前段・後段、本文・ただし書——条文は一つの文章とは限らない

条や項は、一つの文章ですか？

いいや。二つ以上の文章で構成されることもあるのじゃ。単純に二つの文章が並んでいるときは「前段・後段」と呼んでおる（三つ文章が並んでいるときは「第一段・第二段・第三段」と呼ぶぞ）。前の文章が原則、後の文章が例外を定めているときは「本文・ただし書」と呼ぶのじゃ。

Study Corner

「この場合において」

条や項の中で前段と後段の文章が単純に並んでいる場合もありますが、「この場合において」といった前後の文章をつなぐ法令用語が用いられることもあります。

例えば、「臨時的任用又は非常勤職員の任用の場合を除き、職員の採用は、すべて条件附のものとし、その職員がその職において六月を勤務し、その間その職務を良好な成績で遂行したときに正式採用になるものとする。この場合において、人事委員会は、条件附採用の期間を一年に至るまで延長することができる」（地方公務員法第二十二条第一項）などがその例です。

多くの場合、「この場合において」でつながれた後段の文章は、前段の文章を補足する位置付けです。

Study Corner

図表――条文は文章だけではない

条文は、文章だけで表現されるのでしょうか?
そうとは限らないのじゃ。条文を簡潔・明瞭にするため、表や図を用いることがあるのじゃ。例えば地方自治法の末尾に別表として法定受託事務のリストが記載されていることがあるのじゃ。

Study Corner

日の丸・君が代

国旗及び国歌に関する法律では、別記として、国旗の図と、君が代の楽譜が規定されています。

別記第一（第一条関係）

日章旗の制式

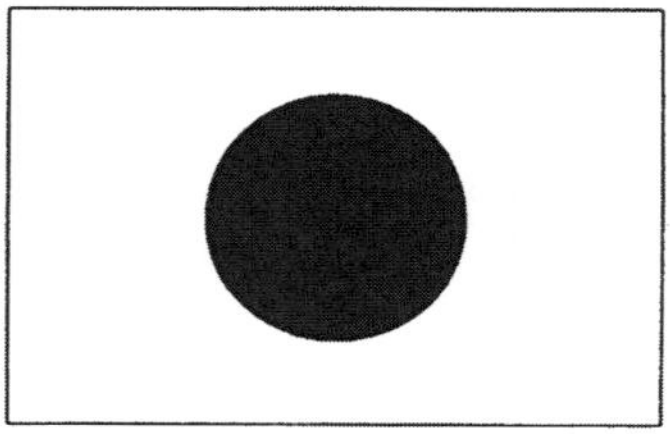

一　寸法の割合及び日章の位置

縦　横の三分の二

日章

直径　縦の五分の三

中心　旗の中心

二　彩色

地　白色

日章　紅色

別記第二（第二条関係）

君が代の歌詞及び楽曲

一　歌詞

君が代は
千代に八千代に
さざれ石の
いわおとなりて
こけのむすまで

二　楽曲

古　歌
林　広守　作曲

きみがーよーは　ちよにーーやちよに
さざれ　いしの　いわおとなりて
こけの　むーすーまーーで

条文の規定の内容——条文のパターン

条文の規定の内容は、どうなっているのでしょうか？

う〜ん千差万別じゃからのう。でも、いくつかのパターンに分類することができなくもないぞ。代表的なものを挙げれば、第一に、「○は、〜することができる」という権利・権限を付与するもの、第二に、「○は、〜しなければならない」という義務を課すもの、第三は、「○は、〜してはならない」という禁止をかけるものなどがあるのう。

条文には長いものも多いですが、このようなパターンを意識するなら条文全体の意味が分かりやすくなるように思えます。

そのとおりじゃ。多くの条文では、主語と述語が規定されているので、このようなパターンを意識しつつ、それを押さえることが重要なのじゃ。また、主語と述語とともに、「〜の場合（とき）は」という条件が付けられていることもあるので、どのような条件があれば、どのような効果があるのかということも押さえる必要があるのう。このことを前提に、次に掲げる地方自治法の条文を読んでみてくだされ。

（助言等の方式等）

第二百四十七条　国の行政機関又は都道府県の機関は、普通地方公共団体に対し、助言、勧告その他これらに類する行為(以下本条及び第二百五十二条の十七の三第二項において「助言等」という。)を書面によらないで行つた場合において、当該普通地方公共団体から当該助言等の趣旨及び内容を記載した書面の交付を求められたときは、これを交付しなければならない。

主語は「国の行政機関又は都道府県の機関」で、述語は「交付しなければならない」ですね。真ん中の「～場合において、～ときは」は条件だと思いますが、合っていますか?

そのとおりじゃ。条文の規定は長くても、主語・述語と条件を押さえれば、規定の内容がおおまかにみえてくるものじゃ。その後に、条文の細部を読んでいけばよいじゃろう。

Study Corner

情緒的な条文

条文の規定は、いままでお話したように、主語・述語、要件・効果などが無駄なく厳密に規定され、情緒的な文言は入り込む余地がないように思えます。しかし、いろいろ法令をみていくと、次に掲げる子どもの読書活動の推進に関する法律のようなやや情緒的な表現があるように思えます。

（基本理念）
第二条　子ども（おおむね十八歳以下の者をいう。以下同じ。）の読書活動は、子どもが、言葉を学び、感性を磨き、表現力を高め、創造力を豊かなものにし、人生をより深く生きる力を身に付けていく上で欠くことのできないものであることにかんがみ、すべての子どもがあらゆる機会とあらゆる場所において自主的に読書活動を行うことができるよう、積極的にそのための環境の整備が推進されなければならない。

このような基本理念に関する条文は、基本法やある施策の推進を図る法令などにみられるもので、その法令の解釈・運用の指針となるものです。

余談ですが、かつて、法律の勉強の無味乾燥さをうたった「秋の夜にひたすら学ぶ六法に恋という字を見出ださざりけり」という短歌がありました。それに対しては、民法第七百九条の「故意又は過失によって他人の権利又は法律上保護される利益を侵害した者は、これによって生じた損害を賠償する責任を負う」（注　現在の条文）という規定の中に、「故意（こい）」があると言った人もいたそうです。

しかし、現在では、ストーカー行為等の規制等に関する法律の中に、「この法律において「つきまとい等」とは、特定の者に対する恋愛感情その他の好意の感情又はそれが満たされなかったことに対する怨《えん》恨の感情を充足する目的で、当該特定の者又はその配偶者、直系若しくは同居の親族その他当該特定の者と社会生活において密接な関係を有する者に対し、次の各号のいずれかに掲げる行為をすることをいう」（第二条第一項）と、「恋」という文字が存在します。

第5章 法令用語

法令用語の難しさ

法令には独特の用語があり、それが分かりにくい原因となっているのではないでしょうか？

法令で用いられる用語は、基本的には日常使われる用語なので難しいと言われるものはそれほど多くはないじゃろう。ただ、①「準用する」といった日常ではあまり使われない用語があること、②「及び」・「並びに」とか「又は」・「若しくは」といった日常では意識して使い分けることをしないが、法令では一定のルールに従って使い分ける用語があること、③「善意」・「悪意」といった日常で使われる意味とは異なった意味で使われる用語があることなどが、法令用語が分かりにくいとされる原因ではないじゃろうか。

なぜ法令用語が必要なのでしょうか？

法令を簡潔かつ明瞭に規定するためじゃよ。例えば、「準用する」という法令用語は、ある事項について定められている規定を、それとは異なるが本質的には類似するほかの事項について、必要な変更を加えた上で働かせるという意味じゃが、この法令用語を使わなければ、同じような規定をまた書く必要があり、法令を簡潔に書くことができなくなってしまうのじゃ。

なるほど。
しかし、便利である反面、準用され規定の内容がどう変更が加えられて働くのかを読み取るのは、かえって難しくなるのではないでしょうか？

確かに、その側面はあるのう。
でも、法令用語を知っていることで、条文が読みやすくなることもあるのじゃよ。次の条文を読んで内容を説明してくだされ。

Study Corner

長〜い条文

（特定集積地区における輸入関連事業用資産の特別償却）

第十一条の八　青色申告書を提出する個人が、平成八年四月一日から平成十四年三月三十一日までの間に、輸入の促進及び対内投資事業の円滑化に関する臨時措置法（平成四年法律第二十二号）第五条第八項の同意（同法第六条第一項の同意を含む。）に係る同法第五条第一項の地域輸入促進計画において定められた同条第三項の特定集積地区（以下この項において「特定集積地区」という。）の区域内において同法第二条第二項に規定する輸入貨物流通促進事業のうち政令で定めるもの（以下この項において「輸入関連事業」という。）の用に供する設備で政令で定める規模のものの新設をする場合において、当該地域輸入促進計画に従つて、当該新設に係る建物及びその附属設備並びに機械及び装置で、輸入関連事業の円滑な実施に著しく資するものとして輸入関連事業の種類に応じて政令で定めるもののうち、その製作若しくは建設の後事業の用に供されたことのないもの（以下この条において「輸入関連事業用資産」という。）を取

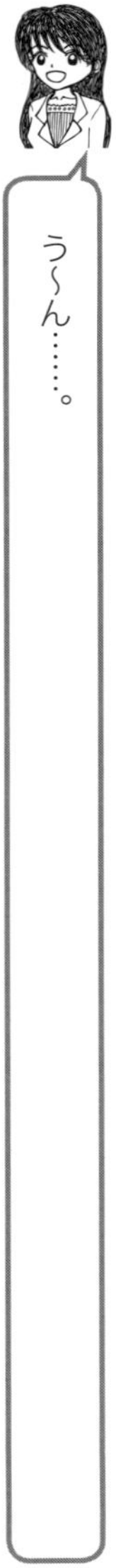

得し、又は輸入関連事業用資産を製作し、若しくは建設して、これを特定集積地区内において当該個人の営む輸入関連事業の用に供したときは、その用に供した日の属する年における当該個人の事業所得の金額の計算上、当該輸入関連事業用資産の償却費として必要経費に算入する金額は、所得税法第四十九条第一項の規定にかかわらず、当該輸入関連事業用資産について同項の規定により計算した償却費の額とその取得価額（一の生産等設備を構成する輸入関連事業用資産の取得価額の合計額が十億円を超える場合には、十億円に当該輸入関連事業用資産の取得価額が当該一の生産等設備を構成する輸入関連事業用資産の取得価額の合計額のうちに占める割合を乗じて計算した金額）の百分の二十二（建物及びその附属設備については、百分の十）に相当する金額との合計額以下の金額で当該個人が必要経費として計算した金額とする。ただし、当該輸入関連事業用資産の償却費として同項の規定により必要経費に算入される金額を下ることはできない。

なかなか苦労されているようじゃのう。
この条文は、租税特別措置法の中の条文で、今は改正でなくなったようじゃが、よく長い条文の例としていろいろな場所で教材として使用しておる。大抵の方は、読むのに苦労しておる。
しかし、次のようなルールを知っていると、条文の全体の構造が理解しやすくなるのではないじゃろうか。

Study Corner

知って得する法令用語

○及び・並びに

いずれも、前後を並列させる接続詞ですが、単一に用いる場合には「及び」を用いることとし、並列される語句に段階がある場合には大きいほうに「並びに」を、小さいほうには「及び」を用います。さらに並列される語句に三段階以上ある場合は、最も小さいところに「及び」を用い、それ以上についてはすべて「並びに」を用います。

○又は・若しくは

いずれも、選択するときの接続詞ですが、単一に用いる場合には「又は」を用いることとし、選択される語句に段階がある場合には大きいほうに「又は」を、小さいほうには「若しくは」を用います。さらに選択される語句に三段階以上ある場合は、最も大きいところが「又は」を用い、それ以下についてはすべて「若しくは」を用います。

○者・もの

「者」は、法律上の人格を有するものを表します。

「もの」は、様々な意味がありますが、一定の「者」やそのほかの事項について、さらにある種の限定をする場合に、関係代名詞的に用いられます。

○場合・とき

「場合」と「とき」は、仮定条件を表す場合に用います。

仮定的な条件を表す場合、「とき」と「場合」のどちらを使うかという決まりはありません。しかし、条件を表す場合が二つある場合には、「場合において〜ときは」というように、大きな条件を「場合」で表し、小さな条件を「とき」で表します。

Study Corner

用語を知ると条文の全体の構造が分かりますね！
はじめは、どこで区切れるのか、語句はどうつながっているのか全く分かりませんでしたが、それが読み解けたような気がします。

法令用語には、独特で分かりにくいという側面と、ルールに従って用いられているので、条文を読み解くときに役立つという側面があるのじゃ。法令は内容を正確に書こうとするため、長くなってしまいがちじゃが、その際、上記の法令用語が用いられているので、それを読み解くカギにしてくだされ。
もちろん、条文の規定の内容の理解には、制度の理解が必要じゃが、法令用語のルールと第４章でお話した条文の規定の内容を意識されれば、長い条文でも理解のとっかかりになるじゃろう。

Study Corner

法令用語らしい法令用語

先ほどの「及び・並びに」「又は・若しくは」などと同じく、法令の中でよく使われる法令用語を解説します。

○その他・その他の

「その他」は、結びつけられる用語が全体と部分の関係にはなく、並列関係にあります。例えば、「天災その他その者の責めに帰することができない事由」の場合、「天災」と「その者の責めに帰することができない事由」は並列関係で、「天災」は「その者の責めに帰することができない事由」には含まれません。

「その他の」は、結びつけられる用語が全体と部分の関係にあります。例えば、「陸海空軍その他の戦力」の場合、「陸海空軍」と「戦力」は部分と全体の関係で、「陸海空軍」は「戦力」に含まれます。

○推定する・みなす

「推定する」は、一定の事実関係について、通常予測される事態を前提として一応の事実を推測し、その法令上の取扱いを決める場合に用いられます。それが真実と異なる場合は、反証を挙げて否定することができます。

「みなす」は、本来性質の違うものを一定の法律関係において同様に取り扱う場合に用いられます。反証を挙げて否定することは認められません。

○直ちに・速やかに・遅滞なく

「直ちに」は、即時にという意味で、即時性が強い場合に使われます。

「速やかに」は、即時性の強さでは、「直ちに」と「遅滞なく」の中間に位置します。「遅滞なく」は、事情の許す限りできるだけ早くという意味で用いられます。

○以下・未満

「以下」は、基準となる数値を含み、それより少ない数量という意味です。例えば、「100万円以下」とは100万円を含みます。

「未満」は、基準となる数値を含まず、それより少ない数量という意味です。例えば、「100万円未満」とは100万円を含みません。

○以上・超える

「以上」は、基準となる数値を含み、それより多い数量という意味です。例えば、「100万円以上」とは100万円を含みます。

「超える」は、基準となる数値を含まず、それより多い数量という意味です。例えば、「100万円を超える」とは100万円を含みません。

○係る・関する

「係る」と「関する」は、「かかわる」とか「関係する」という意味で用いられます。ただ、「係る」の方がそのつながりがより直接的だとされています。例えば、「届出に係る事項」は、届出に関係する事項という意味でなく、届出の内容となっている事項という意味で用いられることが多いです。

○かかわらず

「かかわらず」は、いくつかの用法があります。

「～の規定にかかわらず」と用いる場合は、ある事項に適用される原則的な規定を排除して、特例を定めるという意味です。

次に、例えば、「申請者が当該行政指導に従う意思がない旨を表明したにもかかわらず当該行政指導を継続すること」と用いる場合は、「～であるのに」といった意味です。

次に、例えば、「当該普通地方公共団体は、当該歳入の納期限にかかわらず、その指定する日までに、当該歳入を当該指定代理納付者に納付させることができる」と用いる場合は、「～であるかを問わず」といった意味です。

○この限りでない

「この限りでない」は、主としてただし書の中で、本文の内容の全部又は一部を、特定の場合に否定する場合に用いられます。例えば、「未成年者が法律行為をするには、その法定代理人の同意を得なければならない。ただし、単に権利を得、又は義務を免れる法律行為については、この限りでない」の場合、未成年者が単に権利を得、義務を免れる法律行為については、法定代理人の同意を得なくともよいという意味で用いられています。

○妨げない

「妨げない」は、「妨害しない」という通常の意味で用いられるほか、疑義が生じそうな問題に関して法令上その内容を明確化する必要がある場合に用いられます。例えば、「外国において確定裁判を受けた者であっても、同一の行為について更に処罰することを妨げない」の場合、外国において確定判決を受けた者は、同一の行為について国内で処罰されるかどうか疑義が生じますが、国内でも処罰できることを明確にする意味で用いられています。

○同様とする

「同様とする」は、法律上の性質が類似している事項について、ある事項について定めた規定と同じ効果を表す場合に用いられます。例えば、「管理人は、第百三条に規定する権限を超える行為を必要とするときは、家庭裁判所の許可を得て、その行為をすることができる。不在者の生死が明らかでない場合において、その管理人が不在者が定めた権限を超える行為を必要とするときも、同様とする」の場合は、後段の「不在者の生死が明らかでない場合において、その管理人が不在者が定めた権限を超える行為を必要とするとき」も、前段と同様に「家庭裁判所の許可を得て、その行為をすることができる」という意味で用いられています。

○例による

「例による」は、ある事項に関する法令上の制度をほかの事項について包括的に借りてきて、同様の取扱いをしようとする場合に用いられます。「準用する」と同様の意味ですが、「準用する」が個別の規定を引くのに対して、「例による」は、制度全体を引くことが多いです。例えば、「前各項に定めるものその他法人の道府県民税に係る地方団体の徴収金の滞納処分については、国税徴収法に規定する滞納処分の例による」などがその例です。

○当該

「当該」は、「まさにその」という意味で、事柄を明確に指示する場合に用いられます。例えば、「船舶が遭難した場合において、当該船舶中に在って死亡の危急に迫った者」の場合は、「当該」を用いないと遭難したまさにその船舶であるという意味が明確でないことになります。

Study Corner

用字

法令で用いられる語句には何かルールはあるのでしょうか？

法令で用いられる語句は、基本的には日本語として日常用いる言葉を使用しておる。そして、原則として、漢字は常用漢字、仮名は現代仮名遣で表記するのじゃ。外来語は、日本語として定着しているもの・専門用語などは、カタカナで表記するのじゃ。

Study Corner

法律と国語・日本語

日本の法律は、日本語で書かれていますが、これには特に法令上の根拠があるわけではなく、日本語が我が国の国語であり、公用語であることに基づき当然のこととされています。日本の国語は日本語であるとか、公用語は日本語であるなどと定める法令もありません。

ただ、独立行政法人国立国語研究所法第三条は、「独立行政法人国立国語研究所（以下「研究所」という。）は、国語及び国民の言語生活並びに外国人に対する日本語教育に関する科学的な調査及び研究並びにこれに基づく資料の作成及びその公表等を行うことにより、国語の改善及び外国人に対する日本語教育の振興を図ることを目的とする」と規定していますが、この規定は、日本語が国語であることを前提としているように読めます。

また、裁判所法第七十四条は、「裁判所では、日本語を用いる」と規定しており、裁判所では日本語を使用することとしています。これに関連して、「口頭弁論に関与する者が日本語に通じないとき……は、通訳人を立ち会わせる」（民事訴訟法第百五十四条第一項）、「国語に通じない者に陳述をさせる場合には、通訳人に通訳をさせなければならない」（刑事訴訟法第百七十五条）という規定があります。

さらに、特許法関係でも「前項の規定により外国語書面及び外国語要約書面を願書に添付した特許出願（以下「外国語書面出願」という。）の出願人は、その特許出願の日から一年二月以内に外国語書面及び外国語要約書面の日本語による翻訳文を、特許庁長官に提出しなければならない」（第三十六条の二第二項）などの規定があります。

Study Corner

法令における漢字の使い方

現在、法令において使用される漢字は、昭和56年に告示された「常用漢字表」の本表及び付表によっています。これは、同年の事務次官会議申合せ「公用文における漢字使用等について」が公用文における漢字使用をそのように定めていて、これを受けた同年の内閣法制局の「法令における漢字使用等について」という通知が、法令における漢字使用もこの申合せによるとしていることによるものです。

さて、そうすると、常用漢字表にない漢字を使った言葉をどうするかという問題が出てきますが、そのような言葉については、昭和29年に内閣法制局が定めた「法令用語改正要領」(昭和56年に「常用漢字表」の制定に伴って改正)に定めがあります。それによると、まず、平仮名で書いても誤解の起こらない言葉は平仮名で書くこととされるほか、一定の言葉については、常用漢字にない部分をほかの漢字に改めて書いたり、その語句全体をほかの語句に言い換えたりすることとされています。また、常用漢字にない漢字を用いた専門用語等であって、ほかに言い換える言葉がなく、平仮名で書くと理解できないようなものについては、その漢字をそのまま用いて振り仮名を付けることとされています。

常用漢字でない漢字に振り仮名を付けて用いている例としては、「砒《ひ》素」、「禁錮《こ》」、「失踪《そう》」、「按《あん》分」、「祭祀《し》」、「拉《ら》致」、「埠《ふ》頭」などがあります。「強姦」、「賭博」、「賄賂」などは、「法令用語改正要領」では、「ごうかん」、「とばく」、「わいろ」と全体を平仮名で書くこととされているのですが、最近では漢字を使用して「強姦《かん》」、「賭《と》博」、「賄賂《ろ》」と振り仮名を付けています。これらについては、「法令用語改正要領」の制定後に表記に対する一般の著しい変化が認められるため、漢字を用いて表記することとされたようです。

一方、「常用漢字表」に載っている常用漢字であれば常にそれらをすべて使うかというと必ずしもそうではなくて、常用漢字があっても法令では平仮名で書く場合もあります。例えば、「恐」も「虞」も常用漢字ですが、法令で「……のおそれがある」という場合には、これらの漢字は使用せずに平仮名で書きます。これは、法令の文章を柔らかくすることを考慮したもので、「法令用語改正要領」に定められているものですが、ほかに「公用文における漢字使用等について」で平仮名で書くことが定められているものもあります。

Study Corner

Study Corner

法令における送り仮名の付け方

法令における送り仮名の付け方については、前のコラムでも取り上げた昭和56年の内閣法制局の通知「法令における漢字使用等について」に定められています。一般的な送り仮名の付け方については、昭和48年に「送り仮名の付け方」という告示が定められており、法令における送り仮名もこれによることが基本となっていますが、中には若干異なるところもあります。

これらによれば、まず、単独の語で活用のあるものの場合は、活用語尾を送り仮名として送ります。例外として、語幹が「し」で終わる形容詞は「し」から、「か」・「やか」・「らか」の付く形容動詞はその音節から送ることのほか、個別にいくつかの語が列挙されています。また、例えば「動かす」は活用語尾の「す」以外の部分に「動く」という語を含む形になっていますが、こうした語は、その含まれている語の送り仮名の付け方によって送ることとされています。

単独の語で活用のないものの場合、名詞については、送り仮名を送らないこととされていますが、活用のある語から転じたもの（「動き」など）及び活用のある語に「さ」、「み」、「げ」などの接尾語が付いたもの（「大きさ」など）はもとの語の送り仮名の付け方によって送るなどの例外があります。副詞、連体詞、接続詞については、ほかの語を含む語（「併せて」など）は含まれている語の送り仮名の付け方によって送るなどの例外を除き、最後の音節を送ります。

複合の語の場合は、その複合の語を書き表す漢字の、それぞれの音訓を用いた単独の語の送り仮名の付け方によることとされています。ただし、活用のない語のうち、慣用が固定していると認められるもの（「請負」など）は送り仮名を付けないこととされています。また、同じく活用のない語のうち、読み間違えるおそれのないもの（「明渡し」など）は、「送り仮名の付け方」の本則にはよらずに、送り仮名を省くこととされています。

このほか、「常用漢字表」の付表に掲げられた熟字訓などのうちで送り仮名の付け方が問題となるものについては、個別に送り方が定められています。

こうした基準が確立する前に制定された法令は、現在制定される法令とは送り仮名の付け方が異なっています。例えば、現在は、「おこなう」は「行う」と表記しますが、昭和40年代までの法令には「行なう」と表記しているものがあります。ちなみに、法令の表記の基準が新たに定められたり、又は変更されたりした場合、その後法令の改正をする際には、改正すべき部分は新たな基準で表記をしますが、そのほかの部分について新たな規準に表記を統一するための改正はしなくてよい扱いになっています。法令によっては、同じ法令の中に「行なう」と「行う」が混在しているものもありますが、これは、改正のあった規定だけが現在の基準に従っているためです。

Study Corner

法令における外来語の使用

我が国では、昨今、外来語が氾濫しているように思われます。省庁の報告書などの中にさえ、あまり聞いたことのない片仮名の言葉が頻繁に登場して、これで国民がきちんと意味を理解できるのだろうかと疑問に思うようなことも少なくありませんが、それでは、法令において外来語を使うことはできるのでしょうか。

まず、外来語とは何かと言えば、元来は外国語であるけれども、現在では日本語に取り入れられて使用されている言葉ということになります。法令は、基本的に日本語を用いるものですので、外来語も該当する日本語に置き換えて表記するのが原則となります。

Study Corner

しかし、既に日常的に用いられ、日本語としても定着している外来語や、専門用語などについては、外来語をそのまま使用することもあります。「堰堤」、「汽罐（汽缶）」、「酒精」など、日本語よりも外来語の方が分かりやすいということで、「ダム」、「ボイラー」、「アルコール」というように、積極的に外来語に改められてきたものもあります。

外来語の表記については、外来語といっても「たばこ」のように既に日本語になりきっているものは、平仮名で書かれます。このような言葉を別として、一般に、外国語の音訳であることが明らかであり、一般の人々にもそのように意識されている外来語は、片仮名で表記されます。

外来語を法令で使えるかどうかは、その言葉がどの程度に日本語として慣熟しているかにかかっていますが、それについては、客観的に明確な基準があるわけではありません。かつての内閣法制局の国会答弁で、法令において外来語は、「世上で一般に使って、通常の義務教育を終わった程度の人が聞いてもその意味の大体は分かるという程度のものであると立法者が判断」した場合に使われていると思われるということが述べられていますが、なかなか判断が難しいところです。最近では、「インターネット」という用語が特に定義を置かずに法令の中で使われるようになっていますが、これなどはそのように判断されるということなのでしょう。

Study Corner

第6章 法令の効力

時間的効力——法令が効力を生ずる時

法令が効力を有するようになるのはいつからですか？
法令は、制定されただけでは効力を生ずることはなく、公布・施行されて効力が発生するのじゃ。
法令の公布？
制定された法令を一般に周知させる目的で公示することじゃよ。国の法令なら官報で、自治体の法令なら自治体の公報とか掲示板への掲示で公布されることになっておる。

では、法令の施行とは何ですか？

法令の施行とは、未発動の状態にある法令を現実に働き出す状態に置くことを言うのじゃ。法令の附則の最初に、法令の施行期日の規定が置かれておる。

法令が効力を失うのはいつからですか？

それは、原則として、法令が廃止されたときじゃな。法令は、特別な場合を除き、制定されれば半永久的に存続することになっておる。ただ、その後の事情の変化によって、別の法令により廃止されることもあるのじゃ。

Study Corner

法令の廃止と停止

法令の廃止とは、現に有効に存続している法令を、新たな立法措置により、形式的にも実質的にも消滅させてしまうことです。法令を廃止する法令には、二つのパターンがあり、一つは本則で廃止する方法で、もう一つは附則で廃止する方法です。本則で廃止する場合は、廃止自体を目的としていますが、附則で廃止する場合は、廃止される法令に代わる新たな法令が制定されたり、既存の法令が改正されたりすることに伴うものです。前者の例としては、平成20年に制定された「生糸の輸入に係る調整等に関する法律を廃止する法律」があり、後者の例としては、平成19年に制定された「地方公共団体の財政の健全化に関する法律」の附則第三条で「地方財政再建促進特別措置法」を廃止しているケースが挙げられます。いずれの場合も、法令を廃止する規定そのものは、「……法は、廃止する。」というように簡単に規定するだけですが、廃止に伴う経過措置の規定がいろいろと必要になることが一般的です。

さて、法令の廃止に類似するものとして、法令の停止があります。法令の停止とは、ある法令の効力を一定期間停止し、その効力が全然働かない状態にしておくことをいいます。当該法令が適用されなくなる点では廃止も停止も共通していますが、廃止の場合にはその法令が消滅してしまうのに対し、停止の場合には当該法令が法令としては存在し、将来その効力が復活されることが予想されているという点で異なります。

法令の停止の例として昔から有名なものは、「陪審法」のケースです。「陪審法」は、一般国民の中から選任された陪審員が刑事事件の審理で裁判長に対して犯罪構成事実の有無を答申するという制度を定めたもので、大正12年に制定され、昭和3年に施行されたのですが、「陪審法ノ停止ニ関スル法律」によって、昭和18年に施行を停止されたまま現在に至っています。また、比較的近年では、平成9年に制定・施行された「財政構造改革の推進に関する特別措置法」が、平成10年の「財政構造改革の推進に関する特別措置法の停止に関する法律」によって、附則の一部の規定を除き、現在まで施行を停止されています。

これらの法令の停止がいつまで続くかは、その停止を定めた法令によります。「陪審法ノ停止ニ関スル法律」の場合は特に期限が定められていませんし、「財政構造改革の推進に関する特別措置法の停止に関する法律」の場合は「別に法律で定める日までの間」とされていますが、いずれにしてもこれらについては、別に立法措置をしない限り停止された状態が続くことになります。

Study Corner

Study Corner

限時法とその類似品？

通常、法令は、廃止の措置がとられるまでは有効に存続するものとして、その法令自身には失効に関する規定は置かれていません。これを恒久法といいます。しかし、法令の中には、その法令の内容が暫定的なものであり、何年後にはその効力を失うことが予定されているものもあります。このような法令では、その法令自身に有効期限の定めを置くことがあります。そして、その有効期限が来れば、何らの廃止措置をとることなく、自動的にその効力がなくなることになります。このような法令を、限時法といいます。限時法の有効期限は、その法令の附則で、「この法律は、平成○○年○月○日限り、その効力を失う。」とか、「この法律は、この法律の施行の日から起算して○月を経過した日に、その効力を失う。」というような形で規定されます。

ところで、限時法に刑罰が定められている場合、犯罪を犯した後、裁判までの間に有効期限が来てしまったらどうなるのでしょうか。限時法は、有効期限が来れば当然に失効してしまいます。一方で、犯罪後の法令によって刑が廃止された場合については、刑事訴訟法は免訴を言い渡すことを定めており、処罰することができません。しかし、それでは、限時法の刑罰は、有効期限が近づいてくると事実上処罰されず、その法令が遵守されなくなるという問題が生じます。そこで、限時法の刑罰については、特段の規定がなくても、実質的に処罰に値する場合にはその失効後も効力があるものと解する考え方があります。これは、刑法の世界で「限時法の理論」と呼ばれるものですが、明文の根拠なく処罰を認めることについて批判も多いようです。現在では、限時法に刑罰を規定する場合には、「……の規定の失効前にした行為に対する罰則の適用については、なお従前の例による。」などの規定を附則に置いて、解釈上の紛れがないようにすることが例になっています。

さて、法令の中には、一見すると限時法のようにみえますが、実は限時法でないという類似品があります。例えば、「電気通信基盤充実臨時措置法」の附則第二条は、「この法律は、平成二十三年五月三十一日までに廃止するものとする」と規定していますが、この規定によって平成23年5月31日になればこの法律が当然に廃止になるものではなく、そのとおりに廃止するためには別の立法措置が必要になります。つまり、この規定は、その期限までにこの法律を廃止する立法をすべきであるという立法者の意思を表明したものにすぎないということです。

なお、この規定は、元は「施行の日から十年以内に廃止するものとする」となっていましたが、平成13年と平成18年の二度にわたり期限が延長になり、現在のような文言になったものです。

Study Corner

限時法と言いつつ60年

限時法の場合、その制定時に定められる有効期限は、長くてもせいぜい10年です。しかし、限時法は、有効期限が近づくと改正されて、その期限が延長されることも少なくありません。

例えば、「駐留軍関係離職者等臨時措置法」という法律があります。この法律は、昭和33年に制定された法律で、制定当初は、その附則第三項で、「この法律は、公布の日から起算して五年を経過した日にその効力を失う」と規定されていましたが、5年後にはこの「五年」が「十年」に改められ、10年後にはその「十年」が「十五年」に改められ、ということで、平成5年の改正では「公布の日から起算して四十年を経過した日にその効力を失う」ことになっていました。改正後の規定だけをみると、「40年後に効力を失わせるくらいだったら、期限を定めなくてよかったんじゃないの？？」ということになっていたわけです。さすがにこれ以上はということだったのか、その次の平成10年の改正では、「平成十五年五月十六日限り、その効力を失う」という規定に改められましたが、その後も期限の延長は続いていて、平成20年の改正では、「平成二十五年五月十六日限り」ということになっています。

このように延々と期限が延長されている限時法はほかにもあり、現在も効力を有しているものの中では、昭和27年の「特殊土壌地帯災害防除及び振興臨時措置法」が当初の「昭和三十二年三月三十一日限り」から現在では「平成二十四年三月三十一日限り」とされているケースや、昭和28年の「離島振興法」が当初の「昭和三十八年三月三十一日限り」から現在では「平成二十五年三月三十一日限り」とされているケースが横綱級です。これらは、限時法と言いつつも、60年も効力を持ち続けることになります。

なお、限時法でなくても「臨時措置法」とか「暫定措置法」という題名の法律はあります。例えば、「教科書の発行に関する臨時措置法」は昭和23年に制定された法律で、現在も教科書はこの法律に従って発行されていますが、有効期限が定められているわけではなく、廃止のための立法措置を講じない限り効力を持ち続けます。昭和23年の「罰金等臨時措置法」や昭和26年の「裁判所職員臨時措置法」には、「当分の間」という表現が出てきますが、法令で「当分の間」と定めた場合、その措置が臨時的なものであることは示されるものの、特にどの程度の期間を指すというものではなく、別途立法措置が講じられるまでそれは存続することになります。これらの法律も、年齢に例えれば、既に60歳前後になるわけです。

地域的効力——法令の効力が及ぶ場所

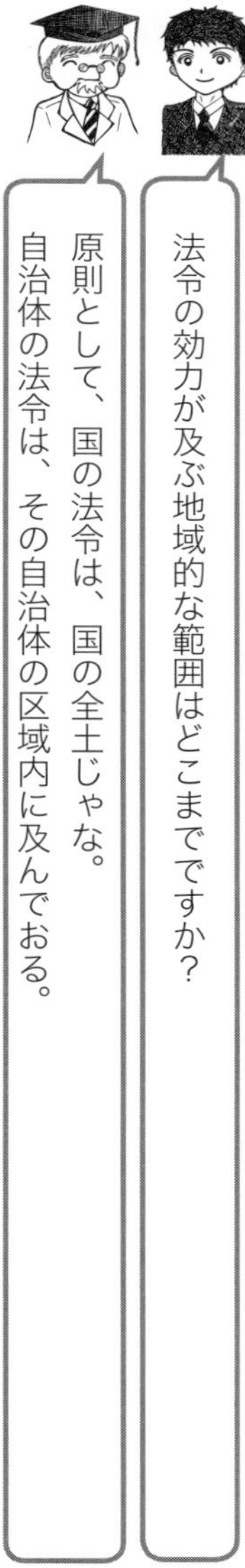
法令の効力が及ぶ地域的な範囲はどこまでですか？
原則として、国の法令は、国の全土じゃな。自治体の法令は、その自治体の区域内に及んでおる。

例外もあるのですか？

地域的な範囲が拡大されることや限定されることがあるのじゃ。
地域的な範囲が拡大される例としては、日本国外にある日本船舶や日本航空機内において罪を犯した者についても我が国の刑法が適用されるとする刑法第一条第二項があるのじゃ。
また、地方自治法第二百四十四条の三では、地方公共団体はその区域外においても公の施設を設けることができるとされておるが、その公の施設についてはその地方公共団体の条例の効力が及ぶので、これも条例の効力の範囲の拡大の例とされておる。反対に、地域的な範囲が限定される例としては、首都圏整備法のように適用される地域が限定される地域振興に関する法令があるのじゃ。

Study Corner

我が国の領土はどこまでか

我が国の法令の効力が及ぶのは、原則として、我が国の領土です。それでは、我が国の領土とは、どの範囲を指すのでしょうか。領土とは、領土（狭義）と領海と領空から構成されていますので、それぞれについて考えてみましょう。

領土（狭義）について、ここまでが我が国の領土であるとする法律はありません。戦後、我が国と連合国との間の戦争状態を正式に終了させるため締結されたサンフランシスコ講和条約により、戦前に我が国が支配していた朝鮮、台湾、南洋諸島などの支配権を放棄することになりましたので、この条約が我が国の領土の範囲を決める重要な根拠とされています。ただ、北方領土問題のように、境界において帰属が争われる領土問題は存在しています。なお、昭和57年に制定された北方領土問題等の解決の促進のための特別措置に関する法律は、平成21年の改正で、北方領土は我が国固有の領土であるということが明記されました。この法律は、領土のことを定めた珍しい法律と言えます。

領海については、領海及び接続水域に関する法律が、原則として、海岸線などの基線から外側12海里（約22㎞）が我が国の領海と定めています。特例として、津軽海峡のように外国の船舶が行き交う特定海域については、基線から3海里（約5・5㎞）が領海としています。なお、領海の基線から外側24海里（約44㎞）の海域を接続水域といい、沿岸国が、密輸や密入国などを防止するため必要な規制をすることが認められています。また、領海の基線から外側２００海里（約３７０㎞）の海域やその海底を排他的経済水域といい、沿岸国に、天然資源の開発等の権利が認められています。

領空については、国際法上、領土（狭義）と領海の上空とされています。外国の航空機が、領空に入るためにはその国の許可が必要となります。ところで、上空のどこまでが領空かという問題がありますが、我が国も批准した「月その他の天体を含む宇宙空間の探査及び利用における国家活動を律する原則に関する条約」（宇宙条約）の第二条が「月その他の天体を含む宇宙空間は、主権の主張、使用若しくは占拠又はその他のいかなる手段によっても国家による取得の対象とはならない」と定めていますので、宇宙空間は領空とすることができません。宇宙区間との境界も明らかではありませんが、大気圏が領空の範囲という説が有力なようです。

Study Corner

特定の地域を対象とする法律

法律の中には、日本国内の一定の地域だけをその対象とするものがあります。まず分かりやすいのは、具体的な地域名を掲げて、その地域の整備・開発などを推進しようとする法律で、北からみていくと、「北海道開発法」、「首都圏整備法」、「中部圏開発整備法」、「近畿圏整備法」、また、戦後に我が国に復帰した地域に関係するものとして、「奄美群島振興開発特別措置法」、「小笠原諸島振興開発特別措置法」、「沖縄振興特別措置法」があります。あれ、東北、北陸、中国、四国、九州の法律はないの?……と思われるでしょう。実は、「東北開発促進法」、「北陸地方開発促進法」、「中国地方開発促進法」、「四国地方開発促進法」、「九州地方開発促進法」が全部あったのですが、平成17年の「総合的な国土の形成を図るための国土総合開発法等の一部を改正する等の法律」によって、「国土総合開発法」が改正されて「国土形成計画法」になり、それに吸収される形でこれらの法律は廃止になりました。

次に、具体的な地域名を掲げるのではなく、一定の自然的・社会的な制約条件を有する地域を対象として、その振興のための措置を講じて地域格差の是正を図ろうとする法律があります。「離島振興法」、「豪雪地帯対策特別措置法」、「山村振興法」、「半島振興法」、「過疎地域自立促進特別措置法」などです。このような法律は、その格差が是正されるまでの間の限時法として制定されるのが普通ですが、期限が延長されたり、同様の法律が新たに制定されたりして、実質的に長期にわたって存続しています。

ほかに、特定の地域を指定して産業の振興等を図る「低開発地域工業開発促進法」、「地方拠点都市地域の整備及び産業業務施設の再配置の促進に関する法律」などや、特定の施設の立地する地域を対象とする「水源地域対策特別措置法」、「原子力発電施設等立地地域の振興に関する特別措置法」などもあります。

さて、ここまでに取り上げたのは一定の地域を対象とする法律ですが、一つの市町村だけを対象とする法律もあります。昭和24年に制定された「広島平和記念都市建設法」は広島市だけを対象とした法律で、ほかにも同じような「○○都市建設法」というような法律がその後昭和26年にかけていくつか制定されています。憲法第九十五条は、一の地方公共団体のみに適用される特別法はその地方公共団体の住民投票で過半数の同意を得なければ制定できないことを定めていますが、これらの法律は実際に住民投票に付されています。

人的効力——法令の効力が及ぶ人

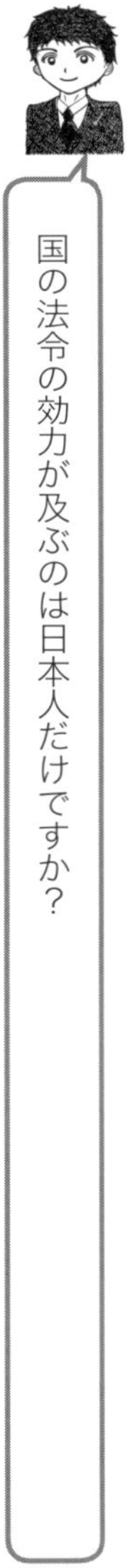
国の法令の効力が及ぶのは日本人だけですか?

そうとは限らんのじゃ。
原則として、国の法令は、我が国に存するすべての人に及び、自治体の法令は、その自治体の区域内に存するすべての人に及ぶのじゃ。これを属地主義と呼んでおる。
例外的に、外国にいる日本人や、自治体の区域外に存する住民に、法令の効力が及ぶこともあり、これを属人主義と言っておる。属人主義を採る場合には、それを特別に規定する必要があるのじゃ。

Study Corner

国外犯の処罰

刑法は、まずその第一条で「この法律は、日本国内において罪を犯したすべての者に適用する」としています。つまり、犯罪が日本国内において行なわれる限り、日本国民であろうとなかろうと刑法は適用されるということです。これが刑法の「属地主義」と呼ばれるもので、その場所的な効力についての基本原則です。

これに対して、刑法を、日本国外で犯罪を犯した日本国民について特に適用する場合があります。刑法第三条がこれを規定しており、日本国外で日本国民が放火罪、強姦罪、殺人罪、傷害罪、窃盗罪、強盗罪など比較的重い犯罪を犯した場合がこれに当たります。このように、犯人が自国民である限り、犯罪を犯した場所が国内か国外かを問わずに適用を認める考え方を「属人主義」というわけです。

刑法では、この属人主義のほかにも、国外で犯罪を犯した者に刑法が適用される場合があることを規定しています。その一つが刑法第二条で、内乱罪、外患罪、通貨偽造罪など、我が国にとって特に重要な法益を侵害する犯罪については、日本国外においてその罪を犯したすべての者に刑法を適用することとしています。このような考え方は「保護主義」と呼ばれています。また、刑法第四条は、公務員職権濫用罪や収賄罪などの公務員犯罪について、日本国外で我が国の公務員がこれを犯した場合について適用することとしています。これは属人主義の一種と考えることもできますが、我が国の公務の公正という法益からすれば、保護主義によるものとみることもできます。

さて、こうした属人主義や保護主義による場合については、刑法が昔から規定を置いているのですが、これら以外についても、国外犯に対する我が国の法律の適用は拡大される傾向にあります。一つは、昭和62年の改正で刑法に第四条の二が追加され、条約により日本国外において犯したときであっても罰すべきものとされている刑法の罪を犯したすべての者に適用することとされているのですが、平成13年の「テロリストによる爆弾使用の防止に関する国際条約」に係るものをはじめ、条約の締結に伴う国内法の整備により、近年、この刑法第四条の二の例によることとされる刑罰規定の増加がみられます。また、平成15年の刑法の改正では、日本国外で日本国民に対して強姦罪、殺人罪、傷害罪、強盗罪などの罪を犯した日本国民以外の者に対して刑法を適用するという第三条の二が追加され、昭和22年の改正で削られたかつての第三条第二項が復活したような形になっています。犯罪の国際化等に伴い、犯罪行為に対する国内法の場所的な効力にも変化がみられるということでしょう。

Study Corner

第7章 法令の解釈

法令の解釈の必要性

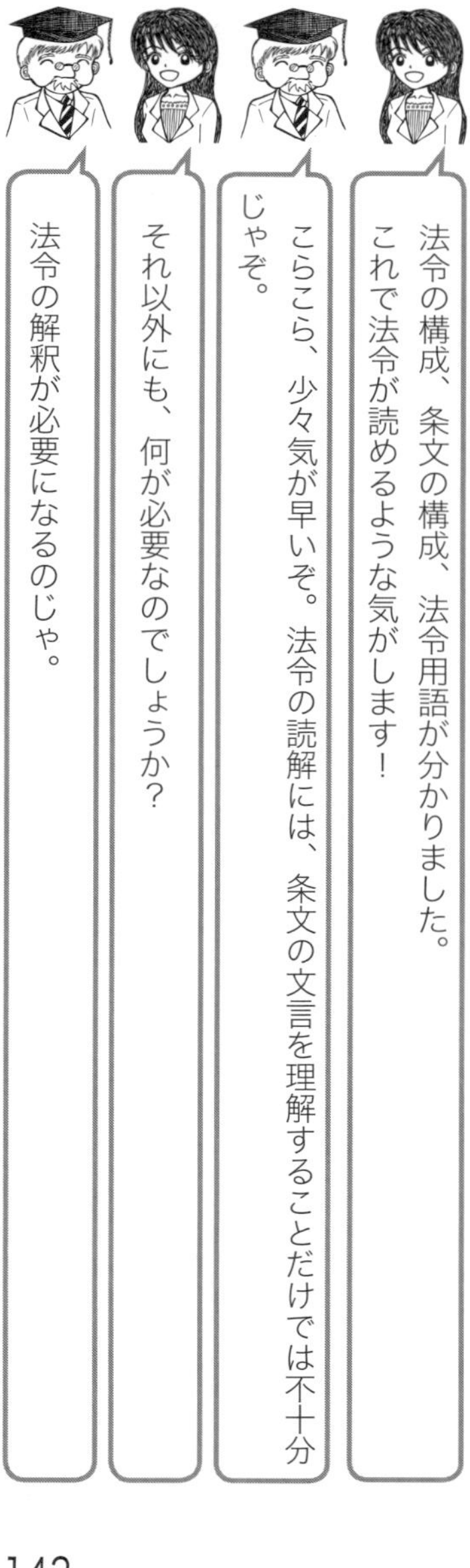
法令の構成、条文の構成、法令用語が分かりました。これで法令が読めるような気がします！
こらこら、少々気が早いぞ。法令の読解には、条文の文言を理解することだけでは不十分じゃぞ。
それ以外にも、何が必要なのでしょうか？
法令の解釈が必要になるのじゃ。

法令の解釈とは何ですか？

法令の規定は、多くの事象に適用されるよう抽象的な形で書かれておるのじゃ。具体的な事実に法令を適用する場合には、法令の規定の意味内容を明らかにする必要があるのじゃ。民法に「詐欺又は強迫による意思表示は、取り消すことができる」という規定があるが、この文言自体は理解することにそれほど難しくはないじゃろう。

ところで、AがBに対して消火器を買わなければ腕をへし折るぞと言って消火器を買わせた場合、この規定が適用されるかどうかは、Aの発言が強迫に当たるかどうか、消火器を買ったことが意思表示かどうかなどの検討が必要となるのじゃ。

法令の解釈には、どのような方法があるのですか？

学問上の解釈の方法としては、文理解釈と論理解釈があるとされておる。

文理解釈とは、法令の文言に忠実に法令を解釈する方法じゃ。

論理解釈とは、法令の文言にとらわれず、その文言の背後にある条理を重視して法令を解釈する方法じゃ。

この両者をうまく使い分けることによって、公正・妥当な結論を得ることが重要じゃ。

文理解釈

文理解釈は、文言どおり読めばよいので簡単ですね。

そうとは限らないぞ。法令によって同じ文言が違う意味で用いられることがあるので、それぞれの法令でその文言がどのような意味で用いられているか注意を要するのじゃ。

Study Corner

法令によってまちまちの定義

法令のよって同じ文言が違う意味で用いられることがあります。次に掲げる「児童」や「道路」は、その例です。

(1) 児童

① 「この法律で、児童とは、満十八歳に満たない者をいい……」（児童福祉法第四条

第一項）

②「この法律において「児童」とは、十八歳に達する日以後の最初の三月三十一日までの間にある者又は二十歳未満で政令で定める程度の障害の状態にある者をいう」（児童扶養手当法第三条第一項）。

③「この法律において「児童」とは、二十歳に満たない者をいう」（母子及び寡婦福祉法第六条第二項）。

⑵ 道　路

①「この法律において「道路」とは、一般交通の用に供する道で次条各号に掲げるものをいい、トンネル、橋、渡船施設、道路用エレベーター等道路と一体となつてその効用を全うする施設又は工作物及び道路の附属物で当該道路に附属して設けられているものを含むものとする」（道路法第二条第一項）。なお、同法第三条では、高速自動車国道、一般国道、都道府県道及び市町村道を道路の種類として挙げています。

②「この法律で「道路」とは、道路法（昭和二十七年法律第百八十号）による道路及びその他の一般交通の用に供する場所並びに自動車道をいう」（道路運送法第二条第七項）。なお、同法第二条第八項では、「自動車道」を、専ら自動車の交通の用に供することを目的として設けられた道で道路法による道路以外のものと定義しています。

③「道路 道路法（昭和二十七年法律第百八十号）第二条第一項に規定する道路、道路運送法（昭和二十六年法律第百八十三号）第二条第八項に規定する自動車道及び一般交通の用に供するその他の場所をいう」（道路交通法第二条第一項第一号）。

④「この章の規定において「道路」とは、次の各号の一に該当する幅員四メートル……以上のもの（地下におけるものを除く。）をいう」（建築基準法第四十二条第一項）。

各号（略）

Study Corner

論理解釈―文言の背後にある条理を重視

論理解釈では、文言の背後にある条理を重視すると言われました。では、条理を重視するとは具体的にどのようなことですか？

それは難しいでのう、次の三点を心がけてくだされ。第一に、その法令の目的を考えながら解釈することじゃ。第二に、その法令だけでなく、ほかの法令との関係を考えながら解釈することじゃ。第三に、出される結論が正義に適った妥当なものとなるように解釈することじゃ。

論理解釈の手法には、どのようなものがあるのでしょうか？

論理解釈の手法として、拡張解釈、縮小解釈、変更解釈、反対解釈、類推解釈などがあるとされておる。
拡張解釈・縮小解釈・変更解釈は、法令の文言を必要に応じて意味を拡張したり、縮小したり、変更したりして法令を解釈する方法を言うのじゃ。
反対解釈・類推解釈は、法令の文言に書かれていないことを、ほかの法令の趣旨から導き出す方法を言うのじゃ。

Study Corner

論理解釈の実例

論理解釈の実例を挙げると、次のようなものがあります。

(1) 拡張解釈

憲法第八十一条は、「最高裁判所は、一切の法律、命令、規則又は処分が憲法に適合するかしないかを決定する権限を有する終審裁判所である」と定めています。違憲審査の対象は、文言上は「一切の法律、命令、規則又は処分」となっていますが、地方公共団体の制定する条例が違憲審査の対象になることに異論はありません。その理由付けとして、「法律」に準ずるとする学説や「命令」に含まれるとする学説などがあるようですが、これは「法律」あるいは「命令」という文言の意味を拡張している解釈と言えます。

(2) 縮小解釈

民法第百七十七条は、「不動産に関する物権の得喪及び変更は、……その登記をしなければ、第三者に対抗することができない」と定めています。物権の変動を対抗できないのは、文言上「第三者」となっていますが、この「第三者」には背信的悪意の第三者などは含まれず、登記のないことを主張する正当の利益を有する者に限定されるとするのが判例・通説です。これは「第三者」という文言の意味を縮小している解釈と言えます。

(3) 変更解釈

変更解釈とは、法令の文言の意味を変更するものですので、法令の誤りが明白である場合など、ごく限られた場合のみ変更解釈が認められるとされています。このような場合は、法令の誤りを是正する改正や正誤などの措置で対処するのが本来のやり方だと思われます。

(4) 反対解釈

会社法第十二条第一項第二号では、支配人は、会社の許可を受けなければ、「自己又は第三者のために会社の事業の部類に属する取引をすること」をしてはならないとされています。支配人は、会社の事業の部類に属しない取引をすることは、会社の許可を受けることなくできることとされています。これは反対解釈の例です。

⑸ 類推解釈

民法第九十四条第二項は、虚偽表示の無効は、善意の第三者に対抗することができないと定めています。虚偽表示の場合でなくても、取引の安全を図るため、同項の類推適用により、虚偽の登記をした者は、その登記を信じた第三者に対抗できないという解釈が行われています。これは類推解釈の例です。

Study Corner

もちろん解釈？

類推解釈の一種として当然に類推解釈ができる場合をもちろん解釈ということがあります。その例として、被保佐人の婚姻の際に保佐人の同意を要しないと解釈することを挙げる書物が多いです。つまり、民法第七百三十八条は、成年被後見人が婚姻をするには、成年後見人の同意を要しないと定めています。しかし、被保佐人の婚姻についての定めはありません。この際、行為能力のより低い成年被後見人でも成年後見人の同意なく婚姻できるので、被保佐人は保佐人の同意なく婚姻できるのはもちろんであると解釈するのです。

この被保佐人の婚姻の例について、結論はそのとおりだと思いますが、次のようにも解釈できないでしょうか。

民法第十三条第一項は、借財や保証をすることなど、被保佐人が保佐人の同意を得なければならない行為を列挙しています。ここに列挙されていない行為は、保佐人の同意なくできますので、列挙されていない婚姻は、保佐人の同意なくできるとするものです。もちろん解釈の場合は、被保佐人の婚姻についての定めがないので、成年被後見人の婚姻の規定との関係で結論を導くのですが、この場合は、民法第十三条第一項に規定されていないということから、同項の反対解釈として結論を導くのです。こう考えると、この例の場合、もちろん解釈が当然にできるかどうかについては、やや疑問が出てきます。

Study Corner

いろいろ楽しい話をありがとうございました。法令がとても理解できるようになりました。

それはよかったのう。

ただ、以上のお話しは法令のごく初歩的なものなので、さらに深く勉強しようとするなら、ぎょうせいから出版されている次のような書物を読んでくだされ。

法令の読み方については、田島信威『最新法令の読解法』か長谷川彰一『改訂　法令解釈の基礎』がよいじゃろう。

法令用語については、田島信威『最新法令用語の基礎知識』か田島信威『法令用語ハンドブック』がオススメじゃ。

法令の起案については、大島稔彦『法令起案マニュアル』か法制執務研究会『新訂ワークブック法制執務』が挙げられるのう。

第8章 〈補論〉行政法〝超〟入門

法令を理解するためには行政法の知識も必要だと思いますが、行政法についても簡単に解説してください。

法令の理解のために行政法の知識が必要なのはおっしゃるとおりじゃが、簡単に解説することは非常に難しいのじゃ。

そんなぁ。博士、そこを何とかお願いしますよ。

それもそうじゃのう。では、行政法のごくごく簡単なアウトラインだけをお話しようかのう。

「行政法」という法律はない

最初に、行政法とはどんな法律ですか？

民法や刑法と異なり、「行政法」という法律はないのじゃよ。行政法という学問分野はあるが、それはいろいろな法令や理論で構成されているのじゃ。これが行政法の理解が進まない一つの原因なのかもしれないのう。

それでは、行政法とはどのように定義されているのですか？

一昔前までは、「行政法とは何か」「行政とは何か」という議論がよく行われておった。しかし、現在では、行政法とは、立法・行政・司法の三権のうち、行政に関する法を総称するといった定義が有力じゃ。ちなみに、「行政法」という単独の法律はないが、題名に「行政」が含まれる法律は、独立行政法人に関連する法律を除いても、20数本存在しておる。その中で、国家行政組織法、行政代執行法、行政不服審査法、行政事件訴訟法、行政手続法などは、行政法学でよく取り上げられる法律なのじゃ。

法律による行政

行政法という法律がないなら、行政機関は、法律の根拠なしで活動ができるのですか？

そうではないのう。むしろ、多くの行政の活動は法律の根拠がなければできないのじゃ。例えば、第3章でもお話した許認可行政を考えていただければ明らかなとおり、行政機関が許認可をするには法律の根拠がなければできないのじゃ。

行政の活動に法律の根拠が必要とされるのはなぜですか？

近代憲法の下では、国民の権利利益の保護のため、行政の活動は、国民の代表機関である議会の制定した法律によって行われなければならないという「法律による行政」の原理があるからじゃ。

それでは、すべての行政の活動に法律の根拠が必要なのでしょうか？

この点については、諸説あるのじゃが、国民に義務を課したり、国民の権利を制限する行政の活動については法律の根拠が必要であるとする侵害留保説が有力じゃな。

Study Corner

重要事項留保説に基づく条例

最近、行政法学では、行政に関する決定のうち、私たち人民にとって重要な結果を伴うものは、すべて法律に基づいて決めなければいけないとする重要事項留保説が出現してきました。

自治体の条例の中には、例えば「三重県行政に係る基本的な計画について議会が議決すべきことを定める条例」のように、行政に関する基本的な計画については議会が議決すべきだと定めている条例があります。この条例は、重要事項留保説によったものと考えられています。また、ほかの自治体においても、自治基本条例などを制定する際に、重要事項留保説を意識した議論をすることが増えています。

行政の基本的方針などは国民・住民の代表である議会が制定に関わるという方向は、議会制民主主義の発展の現れであるとも言えるでしょう。

Study Corner

行政行為──行政の権力的な活動

行政の活動の特色は何ですか？

行政の活動の中には、契約のように私人間の行為と同じような活動形式もあるが、第3章でお話した許認可行政のように、法律の根拠に基づき、相手方である国民の意思にかかわらず、行政機関の一方的判断によって義務を命じたり、ときには権利を賦与する等の権能が認められている活動形式もある。このような行政の活動形式を、学問上、行政行為と呼ぶのじゃ。

なぜ行政行為が必要なのですか？

民法のような私法の分野では、個人の意思によらず、一方的に他人の意思に拘束されることはないのじゃ。しかし、行政の分野では、例えば税金のことを考えれば明らかじゃが、いちいち個人の意思を聴いて税金を取っていれば、とても行政目的を確実に達成することはできないのじゃ。そこで、行政行為が必要となるのじゃよ。

なるほど。それでは、行政行為の特色は何ですか？

いくつかあるが、行政行為には公定力があるとされておるぞ。

公定力……？

行政行為が違法であっても正当な権限ある行政機関又は裁判所によって取り消されるまでは、何人もその行政行為の効力を無視することができないという効力のことじゃ。

私法の分野では、法律行為が違法なら効力が生じないと思いますが、行政行為に公定力が認められるのはなぜですか？

公定力は、違法な行政行為でもとりあえず有効とすることで、行政目的を早期に実現し、かつ行政法関係の安定性を維持するといった法政策的見地から認められたものじゃ。

そして、この関連で、行政行為の違法性を争う途は、抗告訴訟や行政不服審査といった特殊な争訟手続に限定されているというのが、行政行為のもう一つの特色となっておる。

Study Corner

あいまいな公定力の根拠

一昔前の行政法では、行政行為が中心的なテーマで、その中でも行政行為の特殊な効力として公定力が中核として位置づけられていました。

公定力が認められる根拠としては、かつては、行政行為には適法性の推定があるからだとされていました。つまり、お役所のすることはまず間違いないということです。しかし、このような説明は、現在では通用するはずもありません。

そこで、本文のように、公定力は、違法な行政行為でもとりあえず有効とすることで、行政目的を早期に実現し、かつ行政法関係の安定性を維持するといった法政策的見地から認められたと説明することもあります。

さらに、最近では、行政事件訴訟で取消訴訟を認めている以上、行政行為の有効性はこの手続で争うことが予定されているという形式的な説明が行われています。

ところで、戦前は、行政裁判所と司法裁判所が独立して存在し、行政事件は行政裁判所で取り扱われていました。戦後、行政裁判所が廃止され、行政事件も（司法）裁判所で取り扱われるようになっても、行政行為の違法性は取消訴訟で争うという制度となりました。その際、取消訴訟というのは、行政行為に公定力があることを前提に制度設計されたと言われています。このような経緯からは、先ほどのような形式的な説明では、公定力の実質的な根拠が十分に明らかになっていないとも言えます。

このように、公定力の根拠については、いろいろ議論はされていますが、どうもあいまいで、そのためか公定力が妥当する範囲を狭める方向で議論が行われているのが最近の状況と言えます。

Study Corner

行政行為の無効・取消し

公定力があるなら、行政行為に無効はないのでしょうか?

いいや。行政行為であっても、違法の程度がひどくだれがみても違法が明らかな場合は、わざわざ権限ある機関で取り消す必要はないので、そのような行政行為は無効だとされるのじゃ。つまり、重大明白な瑕疵がある行政行為は、無効とされるのじゃ。

では、行政行為の取消しとは何ですか?

有効に成立した行政行為について、その成立に瑕疵があることを理由として、その法律上の効力を失わせるために行われる独立の意思表示のことじゃよ。そして、さきほどお話したとおり、瑕疵ある行政行為の取消しは、正当な権限を有する行政機関又は裁判所のみが行うことができるのじゃ。

許認可を受けて営業をしている者が悪いことをした場合、許認可が取り消されるようなことですね。

違う違う。少しやっかいじゃが、そのようなことは、学問上、行政行為の撤回と呼んでおる。行政行為の撤回とは、その成立に瑕疵のない行政行為について、公益上の新たな事由のため、将来にわたりその効力を失わしめる独立の行政行為を言うのじゃ。法令上は、「取消し」という用語が使われていても、学問上、行政行為の撤回ということになることもあるので、注意が必要になるのじゃよ。

Study Corner

許可と認可　取消しと撤回

これらの用語は、学問上の使い方と法令上の使い方が異なる場合があり、分かりにくいところがあります。

学問上の「許可」とは、特定の行為のうち、一般的に禁止している行為の禁止をある一定の場合に解除して、適法にこれをすることができるようにすることを言います。学問上の「認可」とは、第三者の契約などの法律行為を補充して、その行為に法律上の効果を与える行為を言います。

法令上の許可は、学問上の用法と同じように用いることも多いですが、「次に掲げる地方公共団体は、地方債を起こし、又は起債の方法、利率若しくは償還の方法を変更しようとする場合は、政令で定めるところにより、総務大臣又は都道府県知事の許可を受けなければならない」（地方財政法第五条の四第一項）の「許可」は、学問上の「認可」の意味で用いられています。

次に、学問上の「取消し」と「撤回」の意味は、さきほど本文で説明したとおりです。次に掲げる地方自治法第二百四十条の二の「取消し」は、学問上の「取消し」の意味で用いられていますが、特定非営利活動促進法第四十三条の「取消し」は、学問上の「撤回」の意味で用いられています。

○地方自治法

（住民訴訟）

第二百四十二条の二　普通地方公共団体の住民は、前条第一項の規定による請求をした場合において……、裁判所に対し、同条第一項の請求に係る違法な行為又は怠る事実につき、訴えをもつて次に掲げる請求をすることができる。

一　当該執行機関又は職員に対する当該行為の全部又は一部の差止めの請求

二　行政処分たる当該行為の取消し又は無効確認の請求

○特定非営利活動促進法

（設立の認証の取消し）

第四十三条　所轄庁は、特定非営利活動法人が、前条の命令に違反した場合であって他の方法により監督の目的を達することができないとき又は三年以上にわたって第二十九条第一項の規定による事業報告書等、役員名簿等又は定款等の提出を行わないときは、当該特定非営利活動法人の設立の認証を取り消すことができる。

2　所轄庁は、特定非営利活動法人が法令に違反した場合において、前条の命令によってはその改善を期待することができないことが明らかであり、かつ、他の方法により監督の目的を達することができないときは、同条の命令を経ないでも、当該特定非営利活動法人の設立の認証を取り消すことができる。

Study Corner

行政機関の裁量——行政機関の専門的な判断

行政行為は、法律に基づき行われるものなので、行政機関の裁量が入る余地はないのでしょうか？

そうではないのじゃ。たしかに、法治国家における行政は、法律による行政の原理に基づいて、行政行為の要件・内容・発動の可否ができるだけ詳細かつ明確に法律によって規定されるのが望ましいじゃろう。他方、複雑化した行政国家下においては、行政機関の専門的判断に基づく弾力的対応が望ましい場合も少なくないのじゃ。このような場合に、行政機関による事案に即した裁量に基づいて成立する行政行為を裁量行為と言うのじゃ。そして、行政機関の裁量の範囲内であれば行政機関の判断が妥当でない場合であっても裁判所の審査の対象外とされておる。ただ、裁量行為であっても裁量権の踰越や濫用があるときは、違法な行政行為として裁判所が取り消すことができるとされておる。

不純な動機による行政行為

たとえ行政機関の裁量が認められる場合でも、好き勝手なことができるわけではありません。例えば、職員の分限処分(注)については、分限処分の事由が「その官職に必要な適格性を欠く場合」といった抽象的な言葉なので、ある職員が分限処分の事由に当たるかどうかなどに任命権者の裁量が認められていますが、任命権者が特定の職員が嫌いだから分限処分にするようなことはできません。また、表面的には分限処分の事由に当たるとしても、実は職員が嫌いだから辞めさせるために分限処分の事由を並べ立てることは許されません。

判例も、分限処分については、任命権者にある程度の裁量権は認められているけれども、純然たる自由裁量に基づくものではなく、分限制度の目的と関係のない目的や原因に基づいて分限処分をすることが許されないのはもちろん、処分事由の有無の判断についても自分勝手に決めることは許されないとしています。また、考慮すべき事項を考慮せず、考慮すべきでない事項を考慮して判断するとか、その判断が合理性をもつと認められる限度を超えた不当なものであるときは、裁量権の行使を誤った違法なものであるとしています。

（注）分限処分とは、公務員の勤務実績が良くない場合や、心身の故障のためにその職務の遂行に支障がある場合など、職員がその職に必要な適格性を欠く場合、公務の効率性を保つことを目的として、当職員の意に反して行われる処分のこと。

行政指導──行政機関の非権力的な活動

行政の活動には、行政行為のように、権力的な行為だけでしょうか？

行政行為は、その要件、効果等について法律の厳格な縛りがあり、多様な行政需要に対応できないことがあるのじゃ。そこで、現代の多様な行政需要に応えるため、非権力的な行為形式である行政指導が用いられることがあるのじゃ。

行政指導という言葉は聞いたことがあります。

そうじゃろうな。日本の行政ではよく用いられる手法だからのう。行政指導とは、行政機関が行政目的を達成するために、助言、指導といった非権力的な手段で国民に働きかけ、国

民を誘導し、行政機関の欲する行為をさせようとすることじゃ。

国民は、行政指導に従わなくてはならないのですか？

行政指導は、非権力的活動であり、法的拘束力を持たず、また直接に何らの法的効果も生じない単純な事実行為じゃ。しかし、法的拘束力がないとはいえ、行政機関の監督権限などを背景とするため、相手方に心理的圧迫があり、また指導に従えば助成を受けうるという期待等が、事実上大きな拘束力として働いていることは否定できないのう。

そのような拘束力があるなら、法律の根拠が要るのではないでしょうか？

そのように考える学説もあるがの。

法的には無であるという行政指導本来の性格に加えて、行政指導の本来の趣旨が、法の不備を補って弾力的な行政対応をする必要にあることからみて、やはり法律の根拠は不要とする学説が有力のようじゃな。ただ、行政指導により国民に不利益が生じないように、後ほどお話しする行政手続法の中で行政指導に関する規制が行われておる。

Study Corner

江戸の敵を長崎で討つ

江戸の敵《かたき》を長崎で討つという言葉は、江戸と長崎は離れているところから、意外なところで昔の恨みを晴らすという意味だそうです。

行政指導は、法的拘束力はないのですが、行政指導を受けた者としては、行政機関が種々の監督権限を持っていて、意外なところで不利益を受けるかもしれないと考え、渋々行政指導に従うということもままあることです。つまり、ある分野で行政指導を受けた者がそれを拒否した場合、別の分野で行政機関から不利益を受けることもあるということです。このような状況を、江戸の敵を長崎で討つという言葉で表すこともあります。実際、次のような事件もありました。

ある自治体では、マンション建設が急増し、日照の問題や、学校建設が追いつかないなどの問題が生じていました。そこで、行政指導の指針を定めた宅地開発指導要綱を作り、マンション建設をする業者に、日照で影響を受ける付近の住民の同意を得ること、教育施設負担金を自治体に寄付することなどを求め、もし違反した場合は、上下水道を使用させないことにしました。

　裁判所は、このような行政指導に従う意思のないマンションの建設業者に対して、事実上の強制手段として給水契約を結ばないのは、水道法に違反するとしています。また、教育施設負担金の寄付を、給水拒否などの制裁措置を背景として義務づけるのは、これに従うことのできないマンションの建設業者は事実上建築等を断念せざるを得ず、行政指導の限度を超え、違法な公権力の行使に当たるとしています。

　この事件では、裁判所が行政指導の行き過ぎを事後的にチェックしたわけですが、このようなことがそもそも起こらないようにするため、平成5年に制定された行政手続法は、行政指導の内容があくまでも相手方の任意の協力によってのみ実現されるものであることに留意すること、相手方が行政指導に従わなかったことを理由として、不利益な取扱いをしてはならないことなどを定めています。

行政立法・行政計画

そのほか、行政の活動には、どのようなものがあるのでしょうか？

ここでは、行政立法や行政計画についてお話しよう。行政行為が、いわば法令の執行としての具体的な行為であるのに対して、行政立法や行政計画は、行政権が一般抽象的な定めをする行為じゃ。

まず、行政立法とはどのようなものですか？

行政立法とは、行政権が法条の形式で一般抽象的な定めをすることじゃ。行政に関する立法が量的に増加するとともに、その内容が専門化・技術化する現代の状況の下で、法律ですべてを定めることが困難になったために、法律には実施すべき施策の目的や要件・内容につき大綱的で指針的な定めを置くにとどめ、細目的事項の定めを行政権に委任することが少なくないのじゃ。特に、①専門技術的な判断を要する事項、②事情の変遷に応じ頻繁に改廃を要する事項、③政治的に中立な立場で決するのが適当な事項、④地域の特殊性に応じ別異の定めを要する事項等について、行政立法が行われることが多いとされておる。このことは、

第2章で法令の委任の箇所で少し触れたところじゃな。

行政立法には、どのような種類があるのでしょうか？

行政立法は、その内容から、法規たる性質を有するもの、すなわち国民の権利義務に関する法規命令と、法規としての性質を有しない行政規則の二種に分類されるのじゃ。
法規命令は、法律との関係から、執行命令（＝法律又は上級の命令の規定を執行するためのもの）と委任命令（＝個々の法律又は命令の個別的委任に基づくもの）に分けられるのじゃ。
また、行政規則は、いろいろなものがあるが、その中でも訓令・通達は、行政機関が所轄の諸機関及び職員に対して命令・示達の形で発するもので、行政の取扱いの基準や法令の統一解釈を示すなど極めて重要な役割を果たしておる。

Study Corner

通達による課税

通達は、上級行政機関が下級行政機関に対して法令の統一解釈などを示すために発せられるものなので、行政の現場においては大きな拘束力を持つものとされています。このような状態を「法律による行政」ではなく「通達による行政」と呼ぶこともあります。

かつて、旧物品税法では「遊戯具」を課税物品としていましたが、パチンコ球遊器は長年課税物品として取り扱われていませんでした。しかし、あるとき、東京国税局長から「パチンコ球遊器も『遊戯具』に当たる」という通達が税務署に発せられたのをきっかけに、パチンコ球遊器も課税物品として扱われるようになりました。

このような事態に対して、憲法で定める「法律による課税」ではなく「通達による課税」ではないかとして裁判でも争われことがあります。裁判所は、たまたま通達をきっかけに課税が行われるようになったとしても、本来、法律上も課税物品であるので、法律に従った課税であるとの判断をしました。裁判所の判断はさておき、通達の行政の現場での重要性を明らかにした事件だと言えます。

Study Corner

次に、行政計画とはどのようなものですか?

行政計画とは、行政上の目的を遂行するために行政機関により作成された行政目標ないしこれを達成するための手段と言われておる。国土の開発、経済の振興などについて行政機関

が積極的に行動することが要請され、将来のビジョンや行動のプログラムを明確にしなければならないため、行政計画が多用されるようになったようじゃ。

行政計画については、法律の根拠は要らないのでしょうか？

かつてはそう言われておったのう。しかし、最近は、さきほど法律による行政の箇所でお話したとおり、法律の根拠が必要であるとする説も有力となっておる。

行政上の強制措置——行政上の義務の履行

行政上の義務を履行させるためには、どのような方法があるのですか？

大きく分けて、行政上の目的を達するために人の身体又は財産に実力を加え、行政上必要な状態を実現する行政強制と、行政法上の義務違反に対して科される行政罰に分かれるのじゃ。行政強制は、将来に向かっての義務の履行を強制する手段で、行政罰は、過去の義務違反に対する制裁じゃな。

行政強制

行政強制は、民事上の強制執行とどこが違うのでしょうか？

私人間では、当事者の一方が相手方に義務があるといって、その当事者がいきなりその義務が履行されたような状態を作ることはできないのじゃ。例えば、当事者の一方が相手方にお金を貸したのに返さないからといって、いきなり相手方の家に行ってお金を盗ってくることは許されないのじゃ。このような場合は、まず裁判で貸金の返還請求権があることを認めてもらい、それでも相手方がお金を返さないときは、その裁判に基づいて強制執行を求めるという手順を踏まなくてはならないのじゃ。これに対して、行政強制では、行政機関の独自の判断と手段で強制執行ができるのじゃ。

法令で行政上の義務を定めれば自動的に強制執行ができるのですか？

いいや。戦前には、行政行為には当然執行力があるという理論が支配的じゃ。しかし、現在では、義務を課す行政行為とは別に、義務の履行を強制するためには、別の根拠となる法令が必要だとされておる。そして、その根拠となる法令として行政代執行法があるのじゃ。

行政代執行法は、どのようなこと定めているのですか？

行政代執行法が定める行政代執行とは、法令又は行政処分に基づく代替的な作為義務に関し、義務者がこれを履行しない場合、行政機関が自ら義務者のなすべき行為をするか、あるいは第三者にさせて、その費用を義務者から徴収することを言うのじゃ。

代替的な作為義務以外の義務については、どうするのでしょうか？

いいところに気がついたのう。戦前には、行政代執行以外にも、執行罰や直接強制のような手法が認められていたが、現在では、原則として、そのような手法は認められていないのじゃ。義務に違反すれば事後的に行政罰が科されるので、これで行政上の義務を履行させようと考えられておるのじゃ。

Study Corner

プレジャーボートの撤去

よく河川にプレジャーボートが不法につなぎ止められているのをみかけます。河川法では、河川管理者の許可なく不法につなぎ止めておくことは禁止されています。所有者がそれをやめない場合、代執行をします。

代執行の手続は、①相当の履行期限を定め、その期限までに履行がなされないときは、代執行を行う旨を文書で戒告する、②義務者が戒告を受けても、期限までに義務を履行しないときは、代執行令書をもって、代執行をなすべき時期、代執行の執行責任者及び代執行に要する費用を義務者に通知する、③行政庁は、自らあるいは第三者に依頼して、義務者の行うべき行為を行う、④代執行にかかった費用を、義務者から徴収する、⑤もし、義務者が任意に納付しないならば、国税徴収法の例により強制徴収するというものです。

このように、代執行は、義務者に対して義務を命じたり、代執行をすることを予告したりする必要がありますので、義務者が分からないときは使えません。プレジャーボートの所有者が分かれば代執行ができますが、不法につなぎ止められているプレジャーボートの中には所有者が分からないものも多いので、代執行だけでは効果が限定されてしまいます。

　このような状況に対処するため、平成7年の河川法の改正で簡易代執行の制度を創設しました。この制度により、河川管理者が河川区域内の違法放置物件に対する監督処分を行うにあたって、管理者に責任はないにもかかわらず相手方が分からない場合は、前もって公告したうえで、河川管理者自らが措置（簡易代執行）することができることになりました。

行政罰

次に、行政罰について、教えてください。

行政罰とは、行政上の義務の違反者に対して、一般統治権に基づいて、その制裁として科する罰を言うのじゃよ。行政上の義務の履行を確保するための手段である点において、さきほどの行政強制と共通性をもっておるが、行政強制が将来に向かって義務の履行を強制する手段であるのに対して、行政罰は、過去の義務違反に対する制裁じゃ。

行政罰は、刑法で定めているような刑事罰とどこが違うのでしょうか？

行政罰は、行政上の義務の違反に対して専ら取締りの見地から科されるもので、通常の刑事罰のように、それ自体反社会的・反道徳的行為に対する道義的責任追求ではないのじゃ。このため、法人も処罰対象とされるとか、違反者だけでなくその使用者や事業主にも科刑されるなど、刑事罰とは異なる特色があるのじゃ。なお、第3章の法令の構成のところでお話した罰則は、行政罰を定めていることが多いのじゃ。

では、行政罰には、どのような種類があるのですか？

行政罰は、懲役とか罰金のように刑法に刑名のある刑罰を科する行政刑罰と、刑法に刑名のない過料を科する行政上の秩序罰に区別することができるのじゃ。

それぞれどのような場合に科されるのですか？

行政上の義務違反が、直接的に行政目的を侵害し、反社会的なものといえる場合には、行政刑罰が科され、行政上の義務違反が、そのような程度ではなく、単純な義務の懈怠であるのに過ぎない場合は、行政上の秩序罰としての過料が科されるとされておる。行政上の届出、通知等の義務に違反した場合などが、行政上の秩序罰が科される代表例じゃ。

では、行政刑罰と行政上の秩序罰の違いは何ですか？

行政刑罰は、法令に特別の定めがある場合のほかは、刑法総則が適用になり、その処罰の手続も、刑事訴訟法の定めるところによるのう。これに対して、秩序罰は刑法総則の適用は一般になく、手続も刑事訴訟法による必要はないとされておる。法令に基づく過料は、非訟事件手続法に従い裁判所がこれを科し、地方自治法の規則違反に対し科される過料は、地方公共団体の長が行政行為の形式でこれを科し、地方税の滞納処分の例により強制徴収する仕組みになっているのじゃ。

Study Corner

事実上の制裁

罰則ではないのですが、罰則と同じように法令違反に対する制裁として設けられる仕組みがあります。さて、何でしょうか。

例えば、「障害者の雇用の促進等に関する法律」の第四十七条は、厚生労働大臣は、身体障害者・知的障害者の雇入れに関する計画の変更やその適正な実施について事業主に勧告した場合に、正当な理由なく事業主がその勧告に従わないときは、その旨を公表できることを規定しています。もともと、この計画の作成を命じられるのは、同法で義務付けられた一定数の身体障害者・知的障害者の雇用を達成していない事業主ですから、勧告に従わないことをこの規定によって公表された事業主は、障害者の雇用について義務を果たしておらず、その是正にも取り組んでいないことが世の中に知れ渡ってしまうわけです。

法令違反について、罰則はなくてもこうした事態が待っているとすれば、企業に対しては法令を遵守させる圧力になります。法令に違反した企業名を公表するという仕組みは、事実上の制裁として、罰則と並んで法令の実効性を担保するための仕組みの一つとなっています。

こうした公表制度は、法令の実効性を担保する手段としては、法的には緩やかな仕組みとして位置づけられます。法令について厳格にその実効性を担保しようとする場合には、その違反に対して直接に、あるいは是正を命令した上で命令に従わないときに、罰則を科すという仕組みがとられます。これに対して、より緩やかな形で法令遵守を確保しようとする場合には、違反があればまずは指導や勧告をするという仕組みになります。そして、この指導や勧告に従わない場合に、それ以上制度を設けないこともありますが、もう一段実効性を担保しようとすると、こうした公表制度という手法がとられることがあるわけです。

しかし、公表は、場合によっては、何十万円かの罰金以上に大きなダメージを企業に与えることもあり得ます。罰則よりも緩やかな仕組みだからといって、むやみに行ってよいものではないでしょう。事実に反する内容を公表すると損害賠償の問題にもなることもあり、実際の運用も慎重になされてはいるようです。

なお、公表制度については、事実上の制裁として設けられるもののほか、取引の安全を確保するために設けられるものもあります。例えば、「特定商取引に関する法律」の第八条第二項は、主務大臣は、訪問販売業者に対し業務の停止を命じたときは、その旨を公表しなければならないこととしていますが、この公表は、そのような趣旨によるものとされています。

Study Corner

行政機関の処分に不服のある場合の救済手続

行政機関の処分に不服がある場合は、どうしたらよいのですか?

行政機関に不服申立てをすることや裁判所に行政事件訴訟を起こすことなどがあるのう。

それぞれの特色は何ですか?

まず、行政機関への不服申立ては、審査機関が行政機関であること、行政処分の適法・違法の問題だけでなく裁量が妥当がどうかについても審査すること、手続が書面審理を中心として簡易迅速なものであることなどが特色じゃ。これに対して、行政事件訴訟は、審査機関が裁判所であること、行政処分の適法・違法の問題について審査すること、手続が口頭弁論を経る慎重なものであることが特色じゃな。

行政機関への不服申立てが行政機関自身が行う簡易な手続、行政事件訴訟が第三者の裁判所が行う慎重な手続ということでしょうか?

そのような理解で結構じゃ。それぞれ長所・短所があり、原則として、利用者のニーズにより選択できるようになっておるからのう。

行政不服審査法による不服申立て

それでは行政機関への不服申立てについて教えてください！

行政機関への不服申立てのうち、もっとも基本的な行政不服審査法による不服申立てについてお話しおうかのう。行政不服審査法は、行政機関の違法又は不当な処分その他公権力の行使に当たる行為に関し、国民に対して広く行政機関に対する不服申し立てのみちを開くことによって、簡易迅速な手続による国民の権利利益の救済を図るとともに、行政の適正な運営を確保することを目的としておる。

行政不服審査法の目的と特色は分かりました。
ところで、不服申立ての対象である「処分その他公権力の行使に当たる行為」とは何ですか？
さきほどお話しのあった行政行為と同じですか？

それはなかなか難しい問題じゃな。
まず、「処分」とは、一般には、行政機関が、法令に基づき優越的立場において、国民に対して権利を設定し、義務を課し、その他具体的な法律上の効果を発生させる行為と考えられておる。したがって、さきほどお話した学問上の行政行為とほぼ同じと考えて良いじゃろう。ただ、最近では、国民の実効的な権利保護の見地から、広く処分性を認めるべきとの学説も有力じゃ。なお、「処分」には、公権力の行使に当たる事実上の行為で、人の収容、物の留置その他その内容が継続的性質を有するものが含まれるとなっているのじゃ。

なるほど。
では、不服申立ては、どの行政機関に対して行えばよいのですか？

行政不服審査法による不服申立てにも、いろいろ種類があるのじゃが、そのうち審査請求が基本であるとされておる。そして、審査請求は、処分をした行政機関以外の行政機関に対して不服を申し立てることとされておる。通常は、処分をした行政機関の直近の上級行政機関に申し立てることになるが、法律の特別の定めにより、第三者機関に申し立てることも多いのじゃ。

不服申立ては、どのような処分に対してもできるのですか？

さきほどお話した「処分」に当たれば、原則として、どのような処分に対しても不服申立てはできるのじゃ。
ただ、法律で特別に例外を定めたときだけ不服申立てができないことになっておるのじゃ。

行政事件訴訟

次に、行政事件訴訟について教えてください！

行政事件訴訟もいろいろな種類があるが、最も基本的な抗告訴訟、その中でも処分の取消しの訴えについてお話しようかのう。抗告訴訟とは、行政機関の公権力の行使に関する不服の訴訟を言うのじゃ。行政処分等に公定力が認められることを前提に、その効力を争うものじゃな。

行政行為の公定力とは、行政行為が違法であっても正当な権限ある行政機関又は裁判所によって取り消されるまでは、何人もその行政行為の効力を無視することができないという効力ですね。抗告訴訟は、公定力を有する行政行為の効力を争うものなので、もっとも典型的

な行政事件訴訟ですね。

そのとおり！
そして、抗告訴訟のうち、処分の取消しの訴えとは、行政機関の処分その他公権力の行使にあたる行為によって不利益を受けた者が、その行為の違法を主張してその取消しを求める訴訟を言うのじゃ。

訴訟の対象となる「処分」は、さきほどの行政不服審査法の場合と同じですか？

おっしゃるとおりじゃ。学問上の行政行為とほぼ同じと考えて良いじゃろう。また、国民の実効的な権利保護の見地から、広く処分性を認めるべきとの学説があることも同様じゃな。

では、どのような人が処分の取消しの訴えを起こすことができるのですか？

処分の取消しを求めるにつき法律上の利益を有する者に限り、提起することができるとされておる。すなわち、処分の取消しを求めるにつき法律上の利益を有する者が、取消訴訟を有効に提起できる原告適格を有する者なのじゃ。

どのような場合に、法律上の利益があるのですか？

それについては、学説の対立があるのう。
通説は、この「法律上の利益」とは、実定法の保護している利益と解しておる。実定法の趣旨・目的の解釈によって、侵害された自己の利益が実定法の保護する利益ならば原告適格を認め、それが単なる反射的利益にすぎないならば原告適格を認めないというものじゃ（法の保護する利益説）。
これに対して、有力説は、違法な行政処分によって原告が現実に受けた実生活上の不利益が裁判上の保護に値するほどの実質をそなえていると客観的に評価できれば、「法律上の利益」があるとしておる（保護に値する利益説）。この説は、通説より原告適格を広く認めることになるのじゃ。
ただ、最近は、行政事件訴訟法の改正で、法律上の利益の有無を判断するに当たっては、処分の根拠となる法令の規定の文言のみによることなく、法令の趣旨・目的や処分において考慮されるべき利益の内容・性質などをよく考慮しなさいという旨の規定が入ったので、両説の実質的な差異は少なくなったと考えられるのう。

裁判で処分が違法であるとされたときは、取り消されるのですね。

審理の結果違法とされれば、その処分を取り消すのが原則じゃな。しかし、処分を取り消すことにより、公の利益に著しい障害を生ずる場合において、原告の受ける損害の程度など

を考慮した上、処分を取り消すことが公共の福祉に適合しないと認めるときは、裁判所は、請求を棄却することができることになっておる。これを事情判決と言う。事情判決は、違法な行政処分に基づいて生じた事実を公益目的から維持しようとするもので、法治主義の原則に対する例外的な制度なのじゃ。

それでは、処分の取消しの判決の効力はどのようなものですか？

処分の取消判決が確定したときは、処分をした行政機関の取消しをまつまでもなく、当然に処分の効力が遡及的に消滅するのじゃ（形成力）。また、取消判決が確定したときは、当事者間でその事項については再び争えなくなってしまう（既判力）。さらに、行政機関に対し、処分を取り消した判決の内容を尊重し、判決の趣旨に従って行動することを義務づける効果があるのじゃ（拘束力）。この拘束力は、せっかく裁判で処分を取り消しても、行政機関がまた同様の処分をすることを防ぐ趣旨なのじゃ。

Study Corner

門前払い判決

新聞報道などで行政事件について門前払い判決という言葉が使われることがあります。門前払い判決とは、裁判で訴えの中身の審理に入らず、訴訟を利用する条件である訴訟要件が欠けるとして訴えを却下する判決のことを言います。法律用語ではなく、報道などで用いられる一般的な用語です。訴訟要件が欠けることは、民事事件や刑事事件でもあるのですが、行政事件の場合、処分性や原告適格などで原告の訴えを却下することも多いので、門前払い判決という言葉がよく使われるのではないかと思います。有名な事件を二つご紹介したいと思います。

処分性が問題となった事件としては、土地区画整理事業の事業計画が取消訴訟の対象となるかどうかが争われた事件があります。かつては、事業計画は、関係者にどのような影響を及ぼすか未確定で土地区画整理事業の青写真にすぎないといった理由などで、処分性が認められていませんでした。しかし、平成20年（２００８年）、最高裁は、多くの場合、事業計画どおり事業が進み換地処分が行われることなどの理由から、従来の判例を変更して、事業計画の処分性を認めました。

次に、原告適格が問題となった事件としては、県が駅前開発のため史跡の指定を解除したことに対して、その史跡の学術研究をしていた学者に取消訴訟の原告適格があるかどうかが争われた事件があります。最高裁は、文化財の保存・活用から個々の県民・国民が受ける利益は、法が目的としている公益の中に吸収されるもので、学術研究をしていた学者であっても、特別に扱うことはできないとして、原告適格を認めない判断をしました。このような判例に対しては、重要な史跡を守るため、史跡の学術研究をしている学者には原告適格を認めるべきとの意見もあります。

なお、アマミノクロウサギ裁判という事件がありました。これは、ゴルフ場の開発に伴い、森林の開発を許可したことに対して、地元の希少動物であるアマミノクロウサギなどを原告として開発許可の取消しを求めた裁判です。原告となることができるのは、人や法人のように権利能力を持つものに限られますので、この裁判では当然のことながら原告適格は認められませんでした。しかし、自然保護のための一石を投じた裁判だとされています。

Study Corner

国家補償――行政の活動による損害の補償

次に、行政の活動によって損害を受けたときはどのように救済されるのですか？

行政の活動によって生じた損害の補償を総称して、国家補償と言っておる。国家補償には、違法な行政活動によって国民の権利利益を侵害した場合の国家賠償と、適法な行政活動によって国民の権利利益を侵害した場合の損失補償があるのじゃ。

まず、国家賠償について教えてください！

国家賠償には大きく分けて二種類あるのじゃ。

まず、国家賠償法第一条は、国又は公共団体の公権力の行使に当たる公務員が、その職務を行うについて、故意又は過失によって違法に他人に損害を加えたときは、国又は公共団体が賠償するとしておる。次に、国家賠償法第二条は、道路、河川その他公の営造物の設置又は管理に瑕疵があったため他人に損害を生じたときは、国又は公共団体が賠償するとしておる。

大体は分かりましたが、第一条の「公権力の行使」と第二条の「公の営造物」とは、何ですか？

「公権力の行使」の意味については、本来的な権力作用に限るとする狭義説と、公益的な行政作用も含むとする広義説があるが、判例は、広義説をとるものが多いとされておる。また、「公の営造物」とは、道路、河川、官公庁舎など、公の目的に供される有体物とされておる。

次に、損失補償について教えてください！

損失補償とは、適法な公権力の行使によって加えられた財産上の特別の犠牲に対し、公平の見地から全体の負担においてこれを調整するための財産的補償を言うのじゃ。憲法は、財産権の不可侵を定めておるが、同時に「私有財産は、正当な補償の下に、これを公共のために用いることができる」と規定しておる。これは公共事業のための用地取得のことを考えていただければ理解できるじゃろう。個人の財産である土地は基本的に保障されておるが、公共のために場合によってはその土地が収用されることもあるのじゃ。ただ、その際には正当な補償が必要とされておる。

どういうものが補償の与えられる「特別の犠牲」なのでしょうか？

それは、個々具体的な事例において判断する以外にないが、一般的な基準としては、
①財産権に加えられた制約が社会生活において一般に要求される受忍の限度をこえるほど

本質的な制約であるか（実質的基準）
②平等原則に反する個別的な負担であるか（形式的基準）
の両要素を総合的に判断して決められるとされておるのじゃ。

Study Corner

国家補償の谷間

国家賠償は、公務員が故意又は過失で違法に他人に損害を与えた場合に認められますので、違法であっても過失がないときは、賠償は認められません。

一方、損失補償は、適法な公権力の行使によって財産上の特別の犠牲がある場合に認められますので、財産上の損失でないときは、補償は認められません。そうすると、集団での予防接種を行った際、副作用により健康被害が生じた場合のように、予防接種すること自体は過失がありませんし、健康被害は財産上の特別の犠牲でもありませんので、国家賠償も損失補償も受けることができない事態が生ずることになりそうです。このような事態のことを「国家補償の谷間」と言うことがあります。判例や学説は、何とか被害者を救済しようとして、いろいろ知恵を絞っています。

まず、過失を推定することにより国家賠償を認めようとする考え方があります。これは、予防接種で副作用の健康被害が生じた場合は、その人は予防接種を受けてはいけない人と推定され、事前の問診を行うなどをすべきであるにもかかわらず、それをせずに予防接種したことには過失があるとする考え方です。

次に、損失補償を認める考え方があります。これは、財産上の特別の犠牲に対して損失補償ができる以上、生命や身体に関する特別の犠牲に対しては当然に損失補償ができるとする考え方です。

なお、このような解釈で被害者を救済する考え方のほかに、立法により問題を解決すべきとの考え方もあります。

行政手続

行政不服審査、行政事件訴訟、国家賠償など、行政の活動によって損害を受けたときの事後的な救済は分かりました。
それなら、事前に行政の活動をチェックする方法はないのですか？

いいところに目をつけたのう。従来は、行政活動が法律により拘束され、違法な行政活動については事後に裁判所で争う途を確保すれば十分だと考えられていたのじゃ。しかし、現在では、行政手続を整備して行政の決定過程をも公正かつ透明なものにするという考え方が有力となったのじゃ。そして、平成5年に、行政手続法が制定されたのじゃ。

行政手続法には、どのようなことが規定されているのですか？

まず、申請に対する処分が迅速かつ適正に行われるようにするため、申請に関する審査基準や標準処理期間を定めるとともに、申請に対して拒否する処分をする場合は、処分の理由を示さなければならないとされておる。
また、不利益処分については、処分の基準の策定、不利益処分の理由の提示、聴聞又は弁明の機会の付与などを定めておる。さらに、行政指導についても、透明性や明確性を確保す

るため、相手方である国民の意思を抑圧するような強引な行政指導を制限しているのじゃ。

脱線話——最近の法令の傾向

脱線も最後になるが、最近の行政の動きについて少しお話しようかの。これに伴って行政法も変わっていくじゃろう。

Study Corner

u-Japan

「e-Japan」という言葉は聴いたことがあるかもしれませんが、最近は、「e-Japan」に代わって「u-Japan」が我が国の情報通信の国家戦略を表す言葉として使われています。

まず、「ｅ-Ｊａｐａｎ」とは、内閣総理大臣を本部長とするＩＴ戦略本部が、２００１年に我が国が5年以内に世界最先端のＩＴ国家になることを目指して定めた戦略をいいます。この戦略に基づいて、我が国の情報通信に関する技術、マーケットなどは、世界最先端となったと評価されています。

一方、地域や世代における情報活用の格差の是正など解決すべき課題もあります。そこで、「いつでも、どこでも、何でも、誰でも」ネットワークを利用できるユビキタスネットワーク社会を実現するため、総務省が２００６年から２０１０年にかけて実施する新たな戦略を「ｕ-Ｊａｐａｎ」と呼んでいます。つまり、「ｕ」とは、至る所に存在するという意味の「ユビキタス（ubiquitous）」の頭文字ということになります。

「ｕ-Ｊａｐａｎ」には、２０１０年までに達成すべき次のような政策目標があります。

一つは、有線ネットワークと無線ネットワークのシームレスなアクセス環境の実現をはじめとするユビキタスネットワーク整備を行い、国民の１００％が高速または超高速を利用できる社会にすることです。

二つは、ＩＣＴ（情報通信技術）の高度な利活用を行い、国民の80％がＩＣＴは課題解決に役立つと評価する社会にすることです。

三つは、プライバシーやセキュリティの確保などＩＣＴに関する利用環境整備を抜本的に行い、国民の80%がＩＣＴに安心感を得られる社会にすることです。

なお、ユビキタスネットワーク社会の実現の一環として、国や自治体への申請や届出などにオンラインを利用する「電子政府」や「電子自治体」の構想も着々と進んでいます。

Study Corner

民主党政権の分権改革

民主党政権になり、従来から重要政策として位置づけられていた地方分権が進むことが期待されています。同党の政策集から、分権改革の主な内容をピックアップしたいと思います。

まず、基本的な目標として、地域主権の確立を挙げています。住民に一番身近な基礎的自治体を重視した分権改革を推進し、中央集権制度を抜本的に改め、地域主権国家を樹立するとのことです。地域主権国家の母体は基礎的自治体（現在の市町村）とし、基礎的自治体が担えない事務事業は広域自治体が担い、広域自治体が担えない事務事業は国が担う、と「補完性の原理」に基づいて改革を進めるとされています。そうすると、国や都道府県から市町村に、権限や財源が大幅に移譲されることになります。その際、近隣の自治体が共同で事務を担う仕組みをつくること、自治体の自主性や多様性を尊重しながら、その規模や能力の拡大を目指すことなども考えられているようです。

次に、地方財政については、地方向けの補助金等は、中央官僚による地方支配の根源であるとして、すべて廃止し、基本的に地方が自由に使える一括交付金に改めるとされています。また、自治体間の財政格差の拡大、地方の財源不足に対応するため、現在の地方交付税制度と一括交付金の統合も視野に入れた新たな財政調整・財源保障制度を創設するとされています。

次に、自治体が住民のニーズに対応した行政サービスを展開できるようにするため、法律や政省令のうち住民の生活に密接に関係するものについては、法律や政省令の規定を廃止するか、地方の条例で変更できる旨や条例に委ねる旨の規定を法律や政省令に設けることとされています。

また、国と地方の協議を法制化し、地方の声、現場の声を聞きながら国と地方の役割の見直しなどの地方分権施策を推進するとされています。

以上のようなことが実現されれば、国と地方の関係は、「対等・協力の関係」となり、「国の形」も現在とは変わっていくでしょう。

行政法も分かったような気がします！

行政法のアウトラインをお話したのう。
これを頭に入れた上で、小高剛ほか『行政法総論』（ぎょうせい）などを読めば、行政法の理解が進み、法令の実質的な理解にも資するじゃろう。